무기가 되는 사교육

다섯 명의 원장이 제시하는 사교육의 핵심 가치

무기가 되는 사교육

다섯 명의 원장이 제시하는 사교육의 핵심 가치

초 판 1쇄 2024년 01월 23일

기 획 전명희
지은이 예보경, 이진희, 이청하, 홍창숙, 정소흔
펴낸이 류종렬

펴낸곳 미다스북스
본부장 임종익
편집장 이다경
책임진행 김가영, 박유진, 윤가희, 이예나, 안채원, 김요섭, 임인영

등록 2001년 3월 21일 제2001-000040호
주소 서울시 마포구 양화로 133 서교타워 711호
전화 02) 322-7802~3
팩스 02) 6007-1845
블로그 http://blog.naver.com/midasbooks
전자주소 midasbooks@hanmail.net
페이스북 https://www.facebook.com/midasbooks425
인스타그램 https://www.instagram/midasbooks

ISBN 979-11-6910-458-6 03370

값 17,500원

미다스북스는 다음세대에게 필요한 지혜와 교양을 생각합니다.

다섯 명의 원장이
제시하는 사교육의
핵심 가치

무기가 되는 사교육

예보경

이진희

이청하

홍창숙

정소흔

미다스북스

"일타강사가 되는 로드맵을 알려주세요."

네이버 지식 IN에서 올라왔던 질문이다. 여러 개의 답변이 달렸다.

"유명 학원가의 일타강사 밑에서 조교 역할로 시작하세요."
"대학 선배 중에 먼저 학원 강사의 길을 걷는 사람에게 물어보시는 것이 좋아요."

올해로 20년 차 강사인 나는 오히려 일타강사를 꿈꾸는 그들에게 질문을 던지고 싶다.

"당신은 왜 강사가 되길 희망합니까?"
"세상의 수많은 강사 중에서 당신이 다른 강사와 차별화된 특징, 장점은 무엇인가요?"

"당신이 만나는 제자들에게 어떤 선생님이고 싶습니까?"

"먼 훗날 당신을 기억하는 제자들이 어떤 선생님으로 기억하길 바라나요?"

일타강사라는 목표 이전에 왜 강사가 되고 싶은지를 확인하는 것이 먼저다. 강사의 길에 들어서자마자 일타가 될 수는 없다. 대한민국의 유명한 강사들도 모두 한 명의 학생부터 시작했다는 것을 기억하면 좋겠다.

이 책에 나오는 다섯 명의 원장은 그렇게 시작한 사람들이다. 거기서부터 한 명 한 명 늘려나간 것이다. 숱한 어려움이 있고 하루 24시간이 포기하고 싶은 순간들이지만 그것을 이겨내고 단 한 명 '내 학생'을 위해 헌신한 사람들이다. 다섯 원장이 말하는 힘 있고 가슴에 박히는 한마디 한마디는 학생을 위해 혼신을 다한 끝에 나온 것이라는 것을 나는 안다.

세상의 수많은 선생님 중에 과연 어떤 선생님에게 내 아이를 맡겨야 할까? 두말할 필요 없이 명확한 교육 철학이 있는 선생님에게 자녀 교육을 맡겨야 한다. 목적지가 어디인지 정확히 아는 선장의 배에 탑승하는 것과 같기 때문이다. 이 책에는 어디에서도 들을 수 없는 다섯 명 현직 원장의 진솔하고 생생한 인생 철학이 담겨 있다. 아이들에게 교육의 울타리가 진정으로 해야 할 역할을 이 책의 저자들은 자신들이 걸어온 길을 통해 이야기하고 있다.

"당신의 재능과 세상의 요구가 맞닿는 곳에 천직이 있다."라는 아리스토텔레스의 말처럼 이들은 가르치는 일이 재능이고 그 일을 천직으로 여기는 사람들이다. 그들의 이야기는 동료 학원 원장과 학부모 그리고 학원 창업을 꿈꾸는 예비 원장과 강사를 꿈꾸는 모든 이들에게 생생하고 정확한 이정표가 되어줄 것이다.

- 브레인학원마케팅 김수진 대표

프롤로그

우리는 학생들의 등불을 밝히는 사교육 선생님입니다

얼마 전 2024년 대학수학능력시험이 있었습니다. 수능을 앞두고 교육부에서 킬러 문항 배제를 발표해서 수많은 수험생과 학부모는 혼란에 빠졌습니다. 교육부는 사교육 경감 대책 때문이라고 밝혔습니다. 수능 뚜껑을 열어보니 오히려 전반적으로 문제 난도가 올라간 불수능이었습니다. 까다롭고 어려운 문제가 많아서 또 다른 형태의 사교육 시장을 양산한다는 비판을 받고 있습니다.

마치 사교육이 나라를 망치는 암적인 존재라 보는 것 같아 씁쓸하기만 합니다. 2020년 코로나19 팬데믹 상황 때도 그랬습니다. 학원 업종에 유독 엄격한 기준을 적용해서 영업정지 등 강력한 조치가 내려졌습니다. 불평등하고 가혹한 정책으로 많은 학원이 문을 닫았고 강사들은 일자리를 잃어야 했습니다. 과연 사교육은 없애야 할 사회악일까요?

알버트 아인슈타인은 '사교육은 학습의 동반자로서, 학생들의 잠재력을 발견하고 키울 수 있는 보물 상자다.'라고 말했습니다. 벤저민 프랭클린은 '사교육은 단지 학습을 돕는 것이 아니라, 삶을 바꾸는 기회를 제공한다.'라고 했습니다. 이처럼 사교육을 바라보는 긍정적인 시선도 존재합니다. 무엇보다 사교육은 우리나라 교육에서 큰 역할을 차지하고 있습니다. 자원이 부족하고 국토가 좁은 대한민국이 이토록 빠르게 선진국 대열에 들어설 수 있었던 것은 교육의 힘이었습니다. 훌륭한 인재를 키우는 데 사교육도 일조하고 있습니다.

이 책은 사교육에 종사하는 선생님들의 이야기입니다. 수학, 영어, 과학, 논술 과목은 다르지만, 가르치는 일을 천직으로 여기는 학원 원장님들입니다. 강사를 시작하게 된 이유 그리고 역경과 시행착오, 이를 극복하여 마침내 학원을 차리게 된 과정 등이 들어있습니다. 또한, 학생들에게 도움이 되는 과목별 비법도 얻을 수 있습니다.

이 책의 저자인 5명의 원장님은 어떤 분이실까요?

아르바이트로 학원 강사 일을 시작했다가 지금은 지역에서 유명한 일타 수학 강사인 예보경 수학 원장님. 한때 코로나 팬데믹으로 학원이 어려움을 겪자 배송 아르바이트와 액세서리 스마트스토어를 창업하여 위기를 극복했고, 현재는 유아 창의성 교육 프로그램 '창의노리터'의 공동대표이며, 초등 창의놀이 학습프로그램 '북앤드'를 개발 준비 중입니다. 미래를 보고 한발 앞서 준비하는 원장님입니다.

대학생 때 미국 대학교 교환학생으로 간 일이 인생 전환기가 되었다는 이청하 영어 원장님. 가르치는 일을 천직으로 깨닫고 유치원 파견교사부터 고등부 입시반까지 다양한 경력을 쌓았습니다. 그러던 중 공부방과 학원이 승승장구하다가 갑자기 한꺼번에 시련이 닥쳤습니다. 그러나 이겨내고 현재 어학원을 운영하고 있습니다. 다양한 지도 경험과 역경 극복으로 내공과 실력이 탄탄한 원장님입니다.

IMF로 아버지의 사업이 기울어 생계를 책임지기 위해 20년 전부터 N잡러였던 이진희 과학 원장님. 오전에는 다양한 아르바이트를 하고, 오후에는 학원 강사로 치열하게 살았습니다. 과학 선생님이 천직이라는 것을 깨닫게 되었고, 학원에서 반려자도 만나게 되었습니다. 과학 학원 개원 1년 만에 학생 수 300명을 기록한 명실상부 최고의 과학 학원을 운영하고 있습니다. 책임감과 성실함이 오늘날 큰 성과를 만든 원장님입니다.

어릴 때는 말 한마디 못하는 내향적인 성격과 부모님께 의존했던 마마걸이었지만, 이를 극복하기 위해 노력하여, 외향적이고 주체적으로 변한 홍창숙 독서논술 원장님. 현재 독서교육 대학원을 다니면서 동탄 2신도시에서 독서토론논술을 가르치는 원장님입니다. 이 책에서 독서를 싫어하거나 말하기와 글쓰기에 어려움을 겪는 학생들을 위해 읽기, 말하기, 글쓰기 전략을 소개하고 있습니다. 미래 인재상은 자기 주도적이고 문제해결력이 필요하다고 말합니다.

임용고시에서 0.4점 차로 최종 탈락하는 아픔을 가지고 있으며, 기간제 교사 일을 하면서 학교의 현실을 알게 되어 학원 강사로 진로를 바꾼 정소흔 수학 원장님. 대치동 학원가 등에서 경력을 쌓고 야심차게 수학교습소를 차렸지만, 상처만 남기고 문을 닫아야 했습니다. 이 경험을 거울삼아 영어와 수학교육의 A학원 공동 운영자로서 최근 개원했습니다. 어려움을 겪더라도 그 속에서 배울 점을 찾고, 다시 일어나는 오뚜기 같은 원장님입니다. 교육 봉사를 인생 최종 목표로 가지고 있습니다.

이 책은 사교육에 종사하는 원장님들의 이야기이지만 우리 이웃의 이야기이자 나의 이야기이기도 합니다. 인생을 살다 보면 누구나 시련을 만나고 실패와 좌절을 맛보기도 합니다. 힘든 시기를 잘 극복하고 열심히 사는 5명의 학원 원장님들을 보면서 희망을 얻고 용기를 내기 바랍니다.

또한, 이 책에서는 학생을 가르치는 일에 대한 원장님들의 자긍심과 열정을 느낄 수 있습니다. 다양한 경험과 역경을 통해 가르치는 일이 천직임을 알았기 때문입니다. 사교육 선생님도 공교육 선생님 못지않게 전문성을 가지고 학생들을 위해 최선을 다합니다. 이 책을 읽고 사교육의 부정적인 편견을 버리고, 따뜻한 마음으로 바라보면 좋겠습니다.

지금 여러분은 어떤 길을 걸어가고 있나요? 그 길이 자갈밭이거나 가시밭길일 수도 있습니다. 넘어지고 다치더라도 굳센 의지와 일을 사랑하는 마음이 있으면 계속 걸어갈 수 있습니다. 그리고 그 힘든 길을 지나면 꽃길이 기다리고 있을 것입니다. 돈, 명예, 가족, 사랑 등 원하는 꽃길은 사람마다 다를 것입니다. 여기 다섯 명의 원장님들의 꽃길은 학생을 가르치는 일입니다. 모두가 자신의 꽃길을 찾아가기를 진심으로 소망합니다.

마지막으로 오늘도 김밥 한 줄로 끼니를 때우며, 학생에게 등불을 밝히며 걸어가는 사교육 선생님들을 응원합니다.

무기가
되는
사교육

Chapter 1

예보경 이야기: 수학학원 원장에서 창의가베 출판사 창업까지

무기가
되는
사교육

Chapter 2
이진희 이야기: 과학학원 이진희 원장의 과학과 책임감 이야기

무기가
되는
사교육

Chapter 3
이청하 이야기: 이청하 원장의 영어로 만나는 즐거운 세상 이야기

무기가
되는
사교육

Chapter 4
홍창숙 이야기: 상위 1%로 가는 홍창숙 원장의 독서토론논술 수업

무기가
되는
사교육

Chapter 5

정소흔 이야기: 정소흔 원장의 이토록 아름다운 수학

무기가
되는
사교육

Chapter 1
예보경 이야기

수학학원 원장에서
창의가베 출판사 창업까지

재능 있는 조경학도에서 수학 학원 원장이 되기까지

평생 책만 보고 살았으면 좋겠다

대학 4학년 가을 학기 시험과 공모전을 핑계로 두 달 만에 집에 내려온 내게 아버진 앞으로의 계획을 물어보셨다.

"그래서 대학원 졸업하면 뭘 할 생각이니?"

"모르겠어요. 지금은 공부하는 게 재미있어요. 박사 과정까지 해 보고 싶어."

"교수할 거니?"

"뭘 정하고 공부해야 해? 아빠, 나는 그냥 평생 책만 보고 살았으면 좋겠어."

뚜렷한 목표 없이 공부가 재미있어서 더 하고 싶다는 딸의 말에 아버지 속이 터졌으리라. 사립대 학비는 만만찮았고, 당시 아버진 퇴직을 앞두고 계셨다. 철없는 딸의 학비를 걱정하는 아버지에게 대학원은 내가 벌어서 다닐 테니 걱정 마시라고 했다. 큰소리를 쳤으니 일자리를 찾아야 했다. 일만 할 수 없는 입장이라 공부와 병행할 수 있는 것이어야 했다. 이왕이면 전공인 조경과 관련된 것이면 좋겠는데 그런 자리는 구하기가 쉽지 않았다. 고민하다 찾은 것이 학원 강사였다. 수학 학원 강사. 수학은 잘했으니 어느 정도 자신은 있었다.

아르바이트로 시작한 수학 학원에서 나는 초등학교 4학년부터 고1까지 담당했다. 어느 날 수학경시대회를 앞두고 예상문제 풀이를 하는 시간이었다. 열심히 판서하며 설명하는 내 뒤통수에 대고 한 여학생이 말했다.

"쌤, 무슨 말인지 하나도 모르겠어요."
"어느 부분이 어려운 거야? 어디까지 이해했어?"
"아, 몰라요. 그냥 다 어렵고, 쌤 설명이 어려워서 무슨 말인지 모르겠어요."

얼굴이 화끈거렸다. 마치 "선생님은 실력이 없어요."라고 말하는 것 같았다. 아무렇지 않은 척 어찌 어찌 수업을 했지만 "쌤 설명이 어려워서 무슨 말인지 모르겠어요." 이 말이 하루 종일 머릿속을 맴돌았다.

퇴근 후 학생이 어렵다고 말한 문제를 곱씹어 풀고 또 풀며 어떻게 하면 쉽게 설명할 수 있을까를 고민하고 설명하는 것을 연습했다.

다음날 학생을 불러 다시 설명하려는데 "선생님, 어젠 짜증 나서 그랬어요. 근데 쌤은 수학이 재밌어요?"라고 하는 것이다. 잠시 고민하다 나는 "응. 재미있어."라고 대답하니 "왜 수학이 재미있어요?"라고 또 물어봤다.

"수학이 재미있어진 건 4학년부터인데, 4학년 1학기 성적표 수학이 '양'이었어.

친구들이 성적표 바꿔 보자 그러는데 부끄럽더라고. 그래서 공부했지.

수학경시대회 문제집을 하나 사서 해설지 봐가며 혼자 끙끙 풀었는데 이상하게 시간이 잘 가더라. 그렇게 여름방학이 지나고 학교에서 수학 시험을 쳤는데 전교생 앞에서 대표로 상을 받았어. 그 후로 수학이 좋아졌지. 잘하면 재미있어지는 것 같아."

설계에 재능 있다고 인정받고, 자신감이 하늘을 찌르던 대학 4학년. 졸업을 앞두고 참가한 공모전과 졸업작품전에서 만족할 만한 성과를 내지 못했다. 좋아해서 했지만 잘하지 못했다는 생각에 자존감이 낮아져 있었다. 그런 와중에 학원 일자리를 얻었다.

도망치듯 시작한 수학 학원 강사와 과외 아르바이트는 그래서 잘하고 싶었다. 잘한다고 인정받고 싶어서 열심히 했다.

"비전공자 수학 강사라 그래."라는 말은 아무도 하지 않았지만 나는 스스로를 의심했다. 전공자가 아니었기에 개념 하나 전달하는 것도 조심스러웠다.

'내가 아는 것이 확실한가? 혹시 잘못된 방법으로 가르치지는 않았나?'

스스로 던지는 의문에 확신을 가지려면 다시 수학 공부를 하는 수밖에 없었다. 조경 설계에서 수학으로 몰입의 대상이 바뀌어 갔다. 대학원 등록금 벌려고 했던 아르바이트였는데 수학은 점점 나를 끌어당기고 있었다. 날마다 연구하고 연습했다.

그렇게 초등 과정부터 고등 과정까지 가르치기를 2년. 그때부터 보니 뭔가 보이는 듯했다. 수학을 쉽게 가르치는 내 나름의 방법도 터득할 수 있었고, 나만의 강의 기술도 하나둘 생기기 시작했다. 아이들까지 조금씩 성장하는 모습을 보여주니 뿌듯하고 좋았다. 수학과 가르치는 것은 나와 결이 잘 맞았다. 그렇게 아이들과 수업을 한 지 어느새 17년. 조경 건축가를 하려고 했던 나는 수학 학원 원장이 되었다.

"나는 그냥 평생 책만 보고 살았으면 좋겠어."

석 · 박사과정을 꼭 해야겠느냐는 아버지에게 내가 했던 말이다. 그 말은 결국 현실이 되었다. 마흔 살, 나는 여전히 책만 보며 살고 있다. 나의 꿈은 이렇게 이루어졌다.

선생님, 우리 아이 수학 수업 재미있게 해주세요

잘하면 재미있다

"선생님, 우리 아이가 수학을 힘들어하고 싫어해요. 수업을 재미있게 해주
세요."

많은 학부모님들의 요청이다. 강의가 제법 익숙해진 강사 3년 차 나의
고민은 '어떻게 하면 아이들이 수학에 재미를 느낄 수 있을까?'였다. 수
학을 힘들어하는 아이들에게 흥미를 느끼게 해주고자 교구를 이용하거
나 게임을 하며 여러 방법을 시도했다. 게임의 경우는 주객이 전도되어
득보다는 실이 많았고, 교구의 경우에는 추상적인 수학의 개념을 구체물
로 시각화를 해준다는 장점은 있지만 학년이 올라갈수록 결국 추상화되
어야 하기 때문에 저학년이나 일부 영역에서만 유용하다는 한계가 있었

다. 이대로는 문제 해결이 되지 않는다는 결론이 섰다. 나는 수업에 변화를 주어야 할 필요성을 느꼈다. 어떻게 변화시켜야 할까에 대해 날마다 고민했다.

그러던 어느 날 정규수업이 끝나고 개별 보충학습 감독 중이었다. 중2 남학생 한 명이 수학문제집 한구석에 그림을 그리고 있었다. 집중하자고 한마디 하려는데 꽤 잘 그린 것이다.

"〇〇아, 그림에 소질 있네. 잘 그려서 지우기 아깝다. 그런데 수학 시간이니 수학 문제에 집중해보자."라고 하니 녀석은 "수학은 재미없어요."라고 했다.
"수학이 왜 재미없어?"
"어려우니까요."

맞다. 아이들은 수학을 어려워했다. '아이들은 수학을 왜 힘들어하고 싫어할까?'라고 질문을 바꾸니 답이 쉽게 나왔다. 모르니까 하기 싫고, 하지 않아서 못하고 그 고리가 악순환되어 수학을 포기하게 되는 것이었다. 순간 나의 수학 성적인 '양'이던 초등학교 4학년 여름방학의 일이 머릿속을 스쳐 지나갔다. 잘하니까 재미있어졌던 내 경험을 적용하면 되지 않을까.

수학이 재미없다던 아이에게 해줄 대답을 찾은 것 같았다. 수학을 잘하게 만들어주는 것이었다. 스스로 해결할 수 있는 문제가 늘어나면 아이들은 자연스럽게 수학에 재미를 느끼고 자신감이 생길 것이다. 나의 역할은 아이가 포기하지 않도록 도와주는 것이었다.

물론 하루아침에 되는 것은 아니다. 수학을 계속 못하는 악순환을 잘하는 선순환으로 바꿔 주는 것이 핵심이었다. 그러려면 아이들의 생각을 바꿔야 했다. 한 문제 풀어보고 못 풀겠으면 바로 포기하는 아이들을 다독이고 격려해서 끝까지 푸는 경험을 계속 쌓아나가도록 하는 것이 중요했다.

수학을 잘하는 아이들의 4가지 특징

나는 좀 더 체계적인 학습을 위해 수학을 잘하는 아이들을 자세히 살펴보기 시작했다. 선생님인 내가 한마디 하는 것보다 잘하는 친구들의 경험을 더 잘 받아들일 수 있을 것이라는 생각에서였다. 수학을 잘하는 아이들은 혼자서 공부하는 훈련이 잘 되어 있었다. 그래서인지 다른 과목 성적도 좋았다. 나는 그들에게서 중요한 4가지 특징을 발견할 수 있었다.

첫째, 참을성이 좋다. 특히 어렵거나 모르는 문제를 마주했을 때 더욱 뚜렷하게 나타나는데, 그들은 문제 속에서 답을 찾아내려고 문장을 꼼꼼하게 읽고 분석한 후 다양한 각도에서 여러 가지 방법으로 시도하며 풀려고 한다. 절대 대충 아무 답이나 쓰거나 해답을 보려 하지 않는다.

둘째, 수학을 잘하는 아이들은 기본적으로 문해력이 좋았다. '책을 많이 읽는 아이가 공부를 잘한다'는 이야기는 많이 들어보았을 것이다. 책을 많이 접한 아이들은 문제에서 필요한 말과 필요 없는 말을 가려내어 문제를 풀 때 필요한 조건만을 정확하게 찾아낼 수 있다. 무엇을 요구하는 문제인지 파악하는 능력이 우수한 것이다. 핵심을 짚어내려면 문해력이 우수해야 한다.

셋째, 수학 개념 학습에 집중한다. 수학은 이해가 되면 모든 게 해결되는 과목이다. 여기서 이해란 개념 이해를 말한다. 수학은 개념과 개념들이 연결되어 있는 나선형 학문이다. 그래서 하나의 개념이 막히면 그다음 단계로 넘어갈 수 없다. 반대로 하나의 개념을 정확히 알면 연관된 개념을 줄줄이 이해할 수 있는 과목이다. 수학은 하나를 알면 열을 알 수 있다. 정확한 개념 이해는 그래서 중요하다.

넷째, 수학을 잘하는 아이들은 풀이 과정을 정리해서 쓴다. 연습장에 풀이 과정이나 식을 알아보기 쉽게 정리해서 문제가 틀리더라도 어디에서 잘못되었는지 바로 찾아낼 수 있도록 쓴다. 그것은 참고서와 같다. 자신의 문제 풀이를 누가 보더라도 알 수 있도록 표현할 수 있는 것이다. 반면 수학을 힘들어하는 아이들의 풀이 과정은 본인이 보고도 무엇을 썼는지 모르는 경우가 많다.

이런 4가지 특징을 정리해서 한 가지, 한 가지 아이들에게 적용해나가기 시작했다. 크게 욕심내지 않고 당장의 성적에 연연해하지 않으며 진행했더니 수학을 싫어하던 아이들의 태도가 바뀌는 모습이 보였다. 풀 수 있는 문제가 늘어나고 성적이 올라가니 점점 재미있어했다.

수학을 재미있게 수업하는 것이 필요할 수도 있지만, 아이가 스스로 풀면서 수학의 재미를 발견해 나가는 것이 더 중요하다. 오랜 역사를 통해 발전해 온 수학은 인류 문명 발전의 원동력이 되어 왔으며, 세계화, 정보화가 가속화되는 미래 사회의 구성원에게 필수적인 역량을 제공하는 실용 학문으로 아이들에게 반드시 그 필요성을 알려주어야 한다.

세상의 이치를 담고 있는 학문인 수학은 사회인으로서 가져야 할 필수 역량임을 깨닫도록 도와주면 수학에 재미를 느끼고 잘하게 되는 것은 시간문제일 것이다.

우리 동네 일타 강사 피타쌤의
수학 잘하는 6가지 코칭법

수학머리는 따로 있다?

수학은 어떤 아이들이 잘할까? 수학 머리를 타고난 아이들이 잘하는 것일까? 그동안 내가 옆에서 지켜본 바로는 '성실함과 노력'이 수학을 잘하게 만드는 가장 큰 이유였다. 수학 학습에서 나타나는 아이들의 수준 차이는 타고난 수학 머리보다 학습 습관이 더 크게 작용했다. 그렇다면, 수학을 잘하는 아이들의 '좋은 습관'을 만들어 주려면 어떻게 해야 할까?

여기 여섯 가지 비결을 소개한다.

첫째, 내 발에 맞는 편안한 신발을 고르듯 아이의 수준에 맞는 문제집을 잘 골라 세팅해야 한다. 아이 입에서 '할 만하네.'라는 말이 나온다면 잘 고른 책이다. 사소한 경험이라도 일단 성공의 기쁨을 맛보게 해주고, 그것이 반복되며 쌓이도록 도와줘야 한다. 열심히 하면 나도 된다는 자신감을 아이에게 갖게 해주는 것이 중요하다.

수학을 싫어하고 학습 능력이 떨어지는 아이는 포기하지 않고 끝까지 문제를 풀어보며 수학 실력이 향상되는 성공의 경험을 해 보지 못한 경우가 많다. 수학에 재미를 느끼게 해주는 가장 확실하고 빠른 방법은 아이 스스로 수학 문제를 해결하고 성취감과 쾌감을 느끼게 해주는 것이다. '천 리 길도 한 걸음부터'라는 것을 잊지 말자.

둘째, 문제를 소리 내어 끊어 읽고, 조건을 정리하도록 해야 한다.

연산 문제는 곧잘 하는데 문장으로 된 문제를 유독 어려워하여 자주 틀리는 아이들이 있다. 학부모님들은 아이가 문제를 건성으로 읽고 푼다거나 성격이 급하다며 걱정하신다. 그런데 실제로는 무엇을 묻는 문제인지 제대로 파악하지 못해서 일어나는 경우가 더 많다. 글자를 읽을 수는 있지만 문장의 내용이나 의미를 제대로 파악하지 못하는 것이다. 답은 맞았지만 식을 써서 말로 설명해 보라고 하면 싫어하거나 어려워하는 아이들은 대부분 이런 경우에 해당한다. 식을 세우고 정리하는 힘을 어려서부터 키워주지 않으면 문장제나 서술형 문제가 계속 발목을 잡게 된다. 이 부분의 훈련은 그래서 대단히 중요하다.

셋째, 수학은 암기과목이라는 것을 기억해야 한다.

앞서 말했듯 수학은 모든 학년에서 배운 영역과 내용들이 긴밀하게 연결된 나선형으로 확대되는 과목이다. 그래서 정확한 개념 암기가 필요하다.

"수학은 개념이 중요합니다."

수학 전문가들이 각종 미디어에서 수학 개념의 중요성을 언급하는 것을 많이 들어봤을 것이다. 대체 개념이 뭘까?

개념은 정의와 정리 두 가지로 나눌 수 있다. 정의는 사전적 의미로서 '이렇게 하기로 한다.'라는 약속이다. 예를 들어 '두 변의 길이가 같은 삼각형을 이등변삼각형이라고 한다.'는 말은 정의이다. 정의는 있는 그대로 받아들여야 하는 규칙이다. 따라서 암기해야 한다.

정리는 성질이나 특징이라 할 수 있다. 꼭지각을 제외한 두 각의 크기가 같은 것은 이등변삼각형의 성질이다. 이런 것이 '정리'이다. 정확한 정의를 암기해두지 않으면 정리를 정의로 오해할 수 있다. '정의'와 '정리'를 잘 이해하고 정확하게 암기하는 습관을 들여야 한다. 수학의 개념들을 잘 연결한다면 수학에서는 누구나 하나를 배우면 열을 알 수 있다.

넷째, 답이 맞았다고 다음으로 넘어가서는 안 된다. 풀이 과정이 반드시 있어야 한다! 초등학교 3학년부터 나눗셈을 배우기 시작하는데 사실 나눗셈은 그리 단순치 않다. 나눗셈은 '등분제'와 '포함제'로 두 가지 의미를 가지는 계산법이다.

"사과 8개를 2개의 접시에 똑같이 나누어 담으면 사과는 한 접시에 몇 개씩

인가?"

"사과 8개를 한 접시에 2개씩 나누어 담으면 몇 개의 접시가 필요한가?"

계산식만 본다면 8÷2=4로 동일하지만 의미하는 바는 다르다. '8-2-2-2-2=0'과 같이 여러 번 같은 수를 덜어내는 뺄셈의 의미를 갖는다면 등분제, 어떤 수 안에 다른 수가 몇 번이나 포함되는지 묻는 문제는 포함제이다. 같은 계산법을 쓰더라도 의미하는 바는 다르다. 그래서 아이가 문제를 이해하고 해결하였는지 반드시 확인해야 한다. 풀이 과정을 쓰고 말로 설명해보라고 하는 것이 가장 좋은 확인 방법이다. 풀이 과정을 쓰게 하는 것은 반복 연습으로 문제 풀이만 익힌 채 안다고 착각하고 대충 넘어가는 습관을 고칠 수 있다.

다섯째, 모르는 문제는 아이에게 불친절한 설명을 해야 한다.

"선생님, □번 문제 답이 ▲인가요?"

"선생님, □번 문제 모르겠어요."

수학을 어려워하는 아이들이 많이 하는 질문이다. 그런 아이에게 나는 "일단 문제를 소리 내어 읽어보자."라고 한다. 다 읽고 나면 질문한다.

"무엇을 묻는 문제인 것 같아?"

5초가 지나도록 대답이 나오지 않는다면 "자, 다시 읽어볼까?" 하며 주어진 조건에 맞게 문장을 끊어 2번 더 읽도록 한 후 같은 질문을 한다. 그러면 대부분은 문제에서 무엇을 요구하는지 파악하고 스스로 문제를 해결한다.

틀린 부분을 스스로 찾고 해결할 수 있도록 스무고개를 하듯이 끊임없이 질문을 던지는 것도 좋은 방법이다. 계속되는 질문을 통해 아이는 틀린 부분을 찾고 그것을 해결하기 위해 스스로 사고하는 습관을 갖게 된다.

수학 문제를 자기 주도적으로 해결하는 힘과 수학적 사고력을 키워주고 싶다면 불친절한 설명과 질문이 가장 좋은 훈련이라는 것을 기억해야 한다.

여섯째, 아이의 수학 잠재력에 한계를 두지 않아야 한다.

〈나 혼자 산다〉라는 TV 프로그램에서 박나래가 비키니 수영복을 입고 "비키니는 기세다!"라는 말을 하는 것을 딸과 함께 보았다. 나는 딸에게 "저런 자신감 정말 배우고 싶다."라고 한 적이 있다.

수학도 자신감이다. 수학에서 점수 차이가 나는 것은 머리보다 심리적인 요인이 크다. 수학을 어려워하는 아이들은 문제를 두려워하거나 자신은 수학을 못한다는 생각에 사로잡혀 문제를 한번 슬쩍 보고는 지레 포기하는 경우가 많다.

아이들은 어떤 지도를 받는가에 따라 다르게 성장한다. 올바른 학습법으로 공부하며 자신의 능력에 자신감을 가질 수 있도록 해야 한다.

"포기하지 않고 끈기 있게 공부한다면 분명 수학이 재미있어지고 잘하게

될 거야."

이 사실을 아이가 아는 것이 중요하다.

코로나 시대, 생계형 원장의 고군분투기

쿠○ 로켓 배송과 인터넷 쇼핑몰

2020년 1월 겨울학기가 시작되었다. 겨울방학 기간은 학원에서 일 년 농사를 준비하는 중요한 시기이다. 신입생 상담과 재원생 학부모 상담에 수업까지 하느라 분주한 일상을 보내던 1월 20일이었다. 중국 우한에서 시작된 코로나바이러스의 첫 한국 확진자가 발생했다는 소식이 들려왔다. 하지만 거의 수도권에서 발생한 것이라 내가 살고 있는 경북 지역은 표면상으로는 평소와 다를 바 없었다. '설마 여기까지 오겠어? 곧 끝나겠지.'라고 생각하며 일상을 보내고 있었다.

그러던 2월 18일 대구 신○지교회에서 집단으로 확진자가 발생했고, 내가 사는 구미는 대구 인근 도시였기에 순식간에 확진자 소식이 들려오기 시작했다. 확진자 동선이 코앞까지 왔고 2월 24일 다중 이용 시설인 학원은 집합 금지 시설로 분류되어 강제 휴원이 시작되었다.

"이거 언제쯤 끝날까요?"

통화하는 원장님마다 이 질문으로 인사를 대신했다.

"1~2주 지나면 문 열 수 있겠죠?"

그때까지만 해도 우리에게는 희망이 있었다. 여유도 있었던 것 같다. 어떤 미래가 올 것이라고는 전혀 상상도 못 한 채 잠시 쉬어가면 되겠거니 정도로만 생각했다. 반강제적인 휴식이긴 했지만 아이들 겨울방학이기도 했기에 처음 2주는 아이들과 시간을 보내며 지냈다. 한 달째 되는 날 선생님들 급여와 월세를 해결하고 나니 다음 달 걱정에 가슴이 덜컥 내려앉았다.

그날부터 좀처럼 잠들 수 없었다.

'이대로 학원 문을 닫아야 하면 앞으로 어떡하지?'

한 달째 입금 내역은 0원. 이전에 결제한 카드값과 보험금, 공과금은 기다려주는 법이 없었고 빠르게 줄어드는 통장 잔고는 새벽에도 나를 잠 못 들게 했다. 휴원은 임시가 아니었다.

어느 날 점심 무렵 둘째가 "엄마, 나 치킨 먹고 싶어."라고 했다.

"세연아, 코로나로 엄마가 학원 일을 쉬고 있어서 지금 돈이 부족해. 오늘은 안 될 것 같아."라고 대답을 하는데 '아, 어쩌면 예전으로 돌아가지 못할 수도 있겠다.'라는 생각이 머리를 스쳤다. 하루를 살아내는 것도 버거워졌고 날이 갈수록 불안은 커졌다. 당장 친한 친구에게 전화를 했다.

"뭐라도 해야겠는데 일자리 없을까?"

"보경아, 쿠○ 배송 알바 가자. 나 어제 새벽 배송하고 왔는데 급여가 꽤 괜찮아."

체면 따위 필요 없었다. 나와 가족의 생존 문제인데 부끄러울 것이 뭐가 있겠나 싶었다.

친구의 설명을 듣고 당장 어플을 설치한 후 새벽 배송 채용 신청을 했다. 채용 확정 문자를 받고 한밤중인 12시에 쿠○물류센터로 출근을 했다. 간단한 교육을 받고, 배송을 시작했다.

배송 첫날부터 겨울비가 내렸다. 그런데 비가 오면 추가 수당이 붙는다니 나쁘지 않았다.

비를 홀딱 맞으며 이 집 저 집 배송을 다 마치고 집으로 오는 길에 그날 급여 정산 문자가 왔다. '12시부터 3시까지 번 돈이 8만 원.'

좋아서 웃음이 나왔다. 새벽 배송은 아이들이 잠든 시간에 할 수 있었고, 몸을 움직이는 순간만큼은 불안한 생각이 들지 않아 좋았다. 다음 날 오후 치킨을 먹으며 배송 무용담을 친정 부모님께 신나게 떠들며 또 신청했으니 밤에 아이들을 부탁한다고 했다.

2020년 당시 남편은 대전에서 근무를 했는데 회사 지침상 코로나로 근무지를 이탈할 수 없었다. 기약 없는 생이별이었다. 새벽 배송 일을 나가려면 밤에 아이들이 안전해야 했기에 근처에 계신 친정 부모님 댁으로 가 함께 생활을 했다. 새벽 배송을 시작하고 3일째 되던 날, 그날도 비가 왔는데 대단지 아파트 위주로 배정을 받은 덕분에 2시간 반 만에 일을 마치고 집으로 와 친정 부모님께 오늘도 8만 원을 벌었다며 자랑했더니 아버지는 말없이 방으로 들어가셨다. 곱게 키운 딸이 야밤에 혼자 나가 비 맞으며 번 돈이 좋을 리 없었다. 새벽 배송 4일 차부터 아버지는 나와 함께 집을 나서 배송 일을 함께해 주셨다. 그러나 너무 희망자가 많아져 배송 단가도 떨어지고 매번 일을 맡을 수도 없게 되었다.

코로나는 학원 원장으로 살아온 내 삶을 송두리째 바꾸어 놓았다. 나는 개원을 한 후 지난 10년간 강의를 쉬어본 적이 한 번도 없었다. 집합 금지 명령에 손발이 묶여 손쓸 방법이 없었던 나는 맞벌이 부부에 생계형 원장이었고 나 역시 가장이었다. 나는 또 다른 일을 찾아야만 했다.

늦은 밤 잠이 오지 않아 인터넷 강의를 수강하려고 컴퓨터를 켰다. 집중이 되지 않아 이것저것 찾아보다가 '신사임당 주언규'의 유튜브를 보게 되었다. 동영상에서 그는 회사 생활을 하며 부업으로 스마트스토어 창업에 성공한 경험을 이야기하고 있었다. 그에 관해 좀 더 자료를 찾아보았다. 클래스101에 스마트스토어 창업 방법에 관한 그의 강의가 있었다. 바로 수강을 시작했고, 강의를 들으면서 전자상거래 사업자등록과 스마트스토어 개설을 끝냈다.

나는 무엇을 팔 것인가? 대부분의 쇼핑몰 강사들은 경쟁 강도를 분석하여 판매상품을 정하는 것이 좋다고 한다. 하지만 경쟁 강도를 분석하기엔 나는 시간이 없었고 조급했다. 당장 돈을 벌어야 했다. 그렇다면 내가 관심 있는 것을 팔자고 생각했다.

나는 옷, 운동화, 액세서리를 좋아하는데 평소 선호하는 스타일이 분명했고, 예쁘고 특이한 것을 찾아내는 것도 좋아했다. 그런 아이템을 믹스해 잘 어울리게 매치하는 것에는 자신이 있었다. 종목을 정했으니 패션 아이템 중 리스크가 가장 적은 것으로 품목을 정해야 했다. 옷과 신발은 사이즈별로 구비해야 했고, 반품률이 높아 재고가 쌓인다는 부담이 있어 액세서리와 패션 소품으로 정했다. 쇼핑몰 이름은 남매 이름에 한 글자씩 따서 하세마켓(hase market)으로 하고 30대, 40대 아이 엄마들이 선호하는 품목 위주로 판매를 시작했다.

판매하는 동안 고객 변심으로 반품 한 건이 있었을 뿐, 고객 불만은 단 한 건도 없었다. 학원을 하며 고객 상담과 컴플레인은 일상이었기에 애초에 사용하다 불량이 나올 만한 물건은 팔지 않았고 배송은 철저하게 검수 후 보냈다. 따라서 배송 기간이 길어질 수밖에 없었는데 평균 배송 기간이 5일~7일임을 미리 고지한 후 동의한 고객에게만 판매했다.

코로나로 학원 문을 닫은 2020년 2월에서 4월까지 3달 동안 나는 쿠ㅇ 새벽 배송 아르바이트로 80만 원, 스마트스토어로 200만 원을 벌었다.

교육 크리에이터 꿈나무

강제 휴원 일주일째, 학원으로 돌아가는 것이 쉽지 않아 보였다. 나는 공부를 해야겠다는 생각을 했다. 해야 한다는 것을 알았지만 바쁘다는 핑계로 미뤄두었던 공부를 닥치는 대로 인터넷 강의로 신청했다. 한 푼이 아쉬웠지만 해야 할 것 같았다. 매주 목요일과 금요일 오전에는 입시 컨설팅 교육 과정을 이수하고 낮에는 하세 남매의 학교 공부를 봐주었고, 새벽 배송이 없는 날에는 밤마다 동영상 강의를 봤다.

그간 미뤄두었던 조경기사 승급 교육을 마쳤고, 입시 컨설팅 과정도 이수했다. 물론 일타 강사의 수학 강의를 들으며 수학 강사로서의 감도 잃지 않으려 노력했다. 사람이 돈이 궁하니 절실했고 공부가 잘되었다. 결핍이 있어 절실한 사람이 공부를 잘한다는 어른들 말씀은 진리였다.

1월, 2월 줌을 이용한 언택트 수업을 듣고 나서는 학원 수업을 줌으로 해보고자 3월 한 달간 동료 선생님과 준비했을 때가 있었다.

문제는 내가 운영하는 학원은 그룹식 강의가 아닌 1:1 개별 진도로 수업을 한다는 점이었다. 정해진 수업 시간에 수강생들의 학년과 교재가 모두 다르고 진도도 제각각이다 보니 줌을 이용한 그룹 수업은 개별수업 방식과 맞지 않았다. 영어 과목은 1:1 원어민 화상 영어, 고등부는 1:1 화상 과외 프로그램을 2017년부터 도입하고 있었기에 초 · 중등 수학 강의를 준비하면 되었다. 단 1:1로 하지 않아도 되는 강의를 준비하는 것이 관건이었다. 그것에는 개념 강의가 딱 적합했다. 나는 가장 기본이 되는 수학 개념 동영상 강의를 만들어 아이들이 집에서 보고 정리해 올 수 있도록 하면 되겠다고 생각했다.

이번에는 유튜브 영상을 만드는 강의를 열심히 들었다. 솔직히 얼굴이 나오는 강의는 자신이 없었다. 촬영을 몇 번 해봤지만 부자연스러웠고 말을 더듬거리기까지 했다. 다른 방법을 찾던 중 PPT를 이용해 동영상을 만드는 방법이 있다는 것을 알게 되었고 괜찮은 영상을 만들기 위해 PPT 강의를 들으며 바로 적용해가며 영상을 만들어나갔다. 그 영상에 목소리를 입히고 어플을 사용해 배경음악을 깔고 부족하지만 내가 만든 초등수학 개념 강의를 하나씩 만들어 유튜브에 올리기 시작했다.

그렇게 또 한 달이 지났고 4월이 되자 교실 내 일시 수용 인원을 제한하고 안전거리 확보 후 수업을 해도 된다는 소식이 교육청에서 전해졌다. 몇 달간 비워둔 학원을 청소하고 방역을 한 후 4월 13일 수업 재개 소식을 학부모님께 알렸다.

대부분은 당분간 쉬겠다는 답변이 돌아왔고, 전체 학원생의 3분의 1은 학원으로 왔다. 그토록 바라던 일상으로 돌아왔지만 이전만 못 했고, 그렇다고 학원을 접을 수도 없었다. 학생들은 많지 않았지만 그간 벌여 놓은 일과 원래 하던 일에 대해 성과를 내고 싶은 욕심이 생기니 새벽 4~5시까지 일하기 일쑤였다. 2~3시간 눈을 붙이고 다시 7시에 일어나 두 아이의 아침을 챙긴 후 학교 줌 수업을 체크하고 다시 출근. 그렇게 6개월을 살았다. 이명이 생기고 자다가도 샤워를 하다가도 코피가 났다.

내 학원과 삶과 가정을 지키고자 어느 해보다 절박하고 치열하게 살아낸 2020년과 2021년에 나는 그야말로 다양한 것을 경험하고 도전했다. 그 과정에서 아직 살아 있는 나의 가능성을 발견했다. 그리고 어떤 역경이 있어도 충분히 헤쳐나갈 수 있을 것이라는 확신도 얻었다.

코로나라는 위기 상황이 닥치지 않았다면 온라인 수업도 유튜버도 스마트스토어도 나와는 상관없는 일일 수 있었지만 어쨌든 그 모든 것을 경험한 지금은 트렌드에 맞는 수많은 기획들이 머릿속에 떠오른다. 코로나는 나를 다음 시대로 도약할 수 있도록 리부트하게 했다.

마흔, 다시 도전하기 좋은 나이

엄마는 꿈이 뭐야?

나의 하루는 남매의 등교 라이딩으로 시작한다. 학교는 집에서 차로 15분 정도 걸리는데 그날도 평소처럼 신호대기 중이었다. 창밖을 보고 있던 내게 딸이 갑자기 물었다. "엄마는 꿈이 뭐야?" 훅하고 들어온 딸의 질문에 순간 당황했다. 대답하려니 울컥하고 뭔가 올라온다. '이 감정은 뭐지?'

"갑자기 엄마 꿈은 왜?"
"아, 오늘 수업 시간에 나의 꿈에 대해 이야기하기로 했거든."
"그래? 하연이 꿈은 뭐야?"
"모르겠어. 하고 싶은 것이 많다가도 또 어느 순간 하고 싶은 게 없어."

"그럴 수 있지. 엄마도 어릴 땐 그랬던 것 같아."

"엄마는 꿈을 이루었어?"

"아니, 아직은…. 하지만 꿈을 이루기 위해 노력하며 살고 있어."

"그래서 엄마의 꿈은 뭐야?"

"갑자기 대답하려니 정리가 잘 안 되네. 꿈은 있는데 무엇이라고 하나로 단정해서 설명하기 힘들어. 오늘 곰곰이 생각해 보고 정리가 되면 말해줄게."

"그래."

아이들을 학교 앞에 내려주고 차를 돌려 적당한 곳에 서둘러 세웠다. '나의 꿈은 뭐지?' 왜 '엄마는 꿈이 뭐야?'라는 질문에 지나온 시간들이 주마등처럼 보이고 먹먹해서 눈물이 날 것 같았을까. '내가 잘못 살았나?' 결혼 후 10년간 학원 일과 육아를 하며 정말 열심히 살았고 내 역할을 다했다고 생각했는데 갑자기 꿈이 뭐냐는 아이의 질문에 제대로 말 못 한 내가 불쌍하고 속상했다.

나는 10대에는 한의사를 꿈꿨고, 20대에는 조경건축가를 꿈꿨다. 30대에는 일과 가정, 내가 하는 모든 일에서 인정받고 경제적으로 넉넉해지고 싶었다. 그렇게 10년이 지나 어느새 나는 마흔이 되었다. 열심히 살았는데 왜 속상하고 슬펐을까?

사실 나는 많이 초조하고 불안했던 것이다. 겉은 그럴듯해 보였지만 작은 학원에 평범한 학원장으로 매달 돌아오는 동료 직원들 월급 걱정, 월세 걱정. 두 아이를 둔 워킹맘으로서 늘 부족함과 미안함에 시달렸던 하루하루. 맞벌이를 해도 도무지 모이지 않는 돈. 이룬 것 하나 없이 잘 살아 보고 싶은 욕심에 잔뜩 벌여 놓고 저질러 놓은 일을 수습하기 바빴던 나의 30대.

그리고 아무것도 변하지 않은 채 시작하는 내 마흔의 인생은 매일 불안하고 힘에 부쳤다.

미친 듯이 일을 하다가도 문득 '내가 해온 선택들이 과연 옳은 결정이었을까?'라는 의문이 머릿속을 어지럽혔고 그래서 더 열심히 살았다. 그때 그 선택을 옳은 선택으로 만들기 위해 다 떠안고 이고 지고 살아내고 있는 내게, 딸의 질문은 그간 내가 살아온 삶이 발가벗겨지는 기분이 들게 만들었다. 10대, 20대와는 달리 30대에는 일, 결혼, 출산이라는 선택에 집중하느라 내가 없었고 더욱이 마흔이 되던 2020년에는 코로나라는 생각조차 한 적 없는 일이 닥쳐 버티고 살아남는 데 급급했다.

2022년 6월 어느 날, "엄마의 꿈은 뭐야?"라는 딸의 질문에 답하기 위해, 그리고 나의 인생 로드맵을 점검하는 목적에서도 어디론가 사라져버린 꿈을 되찾기로 했다. 40대는 그동안 성과를 내기 위해 벌여 놓은 일을 점검하고, 이제는 나를 위해 몰입하며 나의 가치를 키워나가는 시간이 되어야 하지 않을까. 40대에서마저 흔들리며 살아갈 수는 없는 일 아닌가. 이제는 나를 찾아야 하지 않을까. 이런 많은 생각 끝에 내가 가지고 있는 고유의 모습을 찾고 싶은 생각이 들었다. 만들어진 나 말고, 태어날 때부터 가지고 있는 나의 모습. 이것이 더 중요한 모습이지 않을까. 나답게 살아보고 싶었다. 그래서 40대에 정한 내 꿈은 '나답게 성장'하는 삶을 사는 것으로 정했다.

ㅊㅇㄴㄹㅌ (창의노리터) 창업

2010년 12월, 개원과 결혼을 동시에 준비했던 탓에, 지금 첫아이의 나이는 내 학원장 경력과 같은데 개원 5년 차 무렵 두 아이를 낳고 키우며 자연스레 유아교육에 관심을 가지게 되었다. 영재도 만드는 시대가 아니던가! 욕망 가득한 학부모라는 또 다른 나의 자아가 생겼다.

인간의 발달단계는 영아기, 유아기, 소년기, 성인기 4단계로 구분할 수 있는데 유아기에 이르러 말을 하기 시작하며, 인간 내적인 것을 표현하기 시작한다. 외적인 것을 수용하여 양자 합일을 지향하게 되는 때이기도 하다. 유아기 때 정서적 보육이 중요한 이유는 유아들은 내외적 합일을 통해서 조화를 느끼고 자아의식을 키워내기 때문이다.

창의력은 골든 타임이 있다!

그렇다면 4~7세 유아 시기에 반드시 필요한 교육은 무엇일까? 나는 창의성 교육이라고 말하고 싶다. 뇌 발달이 가장 활발하게 이루어지는 시기는 생후 8개월부터 7세까지다. 특히 4~7세까지는 전두엽이 급격하게 발달하는데, 전두엽은 뇌 속에서 독창성과 창의성을 생성하고 발휘하는 곳이다. 자녀를 독창적이고 창의력 넘치는 아이로 키우고 싶다면 전두엽이 발달하는 4~7세에 아이들의 두뇌 성장에 맞춰 올바른 창의력 교육을 해야 한다. 적절한 시기에 어떤 창의력 교육을 어떻게 하느냐가 아이의 미래를 좌우할 수 있다. 창의력은 교육을 통해 충분히 키울 수 있다. 단, 유아기 창의력 교육은 가르쳐 주는 교육이 되어서는 안 된다.

유아교육 전문가들은 4~7세 아이들의 창의성을 키우기 위해 실천할 수 있는 연령별 지침을 알려주고 있다. '신체 운동과 건강', '의사소통', '사회관계', '예술 경험', '자연 탐구' 등 5가지 영역이다. 5가지 영역을 실천할 수 있는 가장 쉬운 방법이 놀이다. 놀이를 통해 새로운 것을 인지하기 위한 환경을 만들고 '인식'하고 '탐색'하며, 스스로 '생각'하고 '적용'할 수 있도록 해야 한다. 다양한 놀이 경험은 창의성을 발달시키는 중요한 요소이다. 제대로 된 효과를 위해서는 교육이라는 도구가 올바른 방식으로 주어져야 한다.

내가 우리 아이의 첫 교육을 가베로 선택한 이유는 '놀이를 통한 교육'이 가능했기 때문이다. 가베는 독일의 교육학자 프리드리히 프뢰벨이 놀이의 교육적 가치를 실현하기 위해서 만든 이상적 놀잇감이다. 200년 전통을 가진 교구다. 가베는 신이 주신 선물이라는 뜻의 독일어인데, 일본어로 '은물'이라고도 불린다. 가베는 추상적이고 상징적인 형태로 제시되어 수와 형태를 인식할 수 있도록 구성되어 있다.

하지만 놀이를 통한 창의성 개발을 위해 만들어진 교구가 대한민국 교육 시장에서는 수학 교육에만 초점이 맞춰져 활동지 위주의 수업을 하고 있다. 수학 교구로 더 많이 알려져 있는 이유다. 더욱이 가베 교육은 대부분 대형 프랜차이즈 회사를 통하거나, 프리랜서 선생님을 통한 1:1 방문수업으로 이루어지고 있어 가베 교재와 교수법의 다양성이 부족하고 트렌드를 따라가지 못하고 있다.

코로나가 맹위를 떨치던 2020년, 우리 학원의 초등부는 소멸에 가까울 정도로 수강생이 줄었고 신입생은 좀처럼 늘어날 기미가 보이지 않았다. 코로나 이후 급변한 학원 생태계에서 살아남기 위한 새로운 아이디어가 필요했다. 나는 초등학생들의 빈자리를 채워줄 새로운 수업 아이템으로 가베 수업을 선택했다. AI 시대 인재의 핵심은 창의적 문제 해결 능력이라고 하는데 시험성적보다 창의성 교육을 하는 것이 미래를 위한 가장 적합한 준비라는 판단에서였다. 그래서 질 좋은 수업을 하기 위해 시작한 선생님들의 연구 모임을 발전시켜 '창의노리터'라는 교육회사를 설립했다. 새로운 도전을 하게 된 것이다.

창의노리터의 가베 교육은 4세~초등학교 저학년을 대상으로 한다. 하나의 주제를 여러 각도에서 탐색하고, 자기표현까지 연결시키는 언어 · 노래 · 동작 · 구성적 활동 등의 놀이 활동을 통해 문제를 해결하는 방법을 찾는 창의 · 융합 교육 프로그램이다.

남들이 가는 길로 가서 1등 하는 것보다 새로운 길을 개척해서 유일한 존재가 되는 것이 현명한 시대에 우리는 살고 있다. 자신 안에 있는 무궁무진한 가능성을 찾아주는 창의성 교육은 앞으로 필수적인 항목이 될 것이다. 어릴 때부터 다양하게 생각하고 창의적으로 사고하는 습관을 길러주는 것 또한 대단히 중요하다. 다르게 생각하면서도 상호 협력하고 소통할 수 있는 힘을 길러주는 창의노리터 교육은 미래 교육의 핵심이 될 것이다.

끈기로 이룬 성장스토리

뉴 러너(New learner)와 킵 고잉(Keep going)

2020년 닥친 코로나 위기! 나는 나 자신에게 수없이 말했다.
'버티자. 나는 내가 생각하는 대로 살 수 있다. 나는 나의 성공을 믿는다.'

2020년부터 2023년까지 3년이라는 기간 동안 생존을 위해 닥치는 대로 책을 읽고 공부하며 '이게 맞을까?'라는 생각보다는 실행을 택했다. 대학입시컨설팅을 시작으로 택배 아르바이트, 블로그마케팅, 스마트스토어, 유튜브 등 내가 지금까지 몰랐던 다른 분야와 관심 없던 것들을 배우는 즉시 그것을 적용하고 연결하면서 내가 사는 세상에서 단절되고 소외되지 않기 위해 악착같이 버텼다.

절박함에 배우자마자 시작한 스마트스토어와 유튜브는 결국 실패했지만 디지털 기술에 익숙해졌기에 실패가 무의미하지 않았다. 각종 홍보 이미지나 포스터를 어플을 이용해 만들고 이를 이용해 인스타그램, 블로그, 당근마켓에 광고로 올렸다. 디지털 플랫폼 서비스를 이용하면서 이전보다 적은 비용으로 SNS를 통해 광고를 하고 있다. 창의노리터의 교재 역시 전문 디자이너의 힘을 빌리지 않고 어플을 이용해 내가 직접 쉽고 빠르게 디자인하여 제작하고 있다. 디지털이 내 손 안에서 자연스럽고 익숙해지도록 연습한 결과다.

그렇다면 '누구에게 배워야 할까?' 미리 걸어본 사람에게 '맞춤형 교육'을 받으라고 필자는 말하고 싶다. 내가 살고 싶은 미래가 일상이 된 사람이 바로 최고의 선생님이다. 나에게는 그런 사람이 한 명 있는데 브레인 학원 마케팅 회사의 김수진 대표다.

코로나 시기에 학원 블로그 마케팅 수업을 수강하며 그녀를 알게 되었는데 나에겐 너무 어렵고 먼 미래 같은 블로그 포스팅을 일상이 될 수 있도록 훌륭한 디지털 멘토가 되어 주었다. 블로그 강의 이후 항상 혼자 일하는 것이 익숙했던 나는 현재 혼자보다는 팀을 만들어 일을 하고 있으며 해당 분야의 사람들을 만나고 그 안에 들어가 도움을 받으니 결과물을 만드는 시간이 단축되고 있다. 이 책도 그 결과물 중 하나이다.

준비된 자에게 기회가 온다는 말이 있다. 나는 기회를 잡으려면 노력이 필요하다고 말하고 싶다. 세상이 돌아가는 것을 알기 위해 눈과 귀를 열고 다양한 책을 읽고 각종 정보를 공부하는 습관을 들이고자 노력하다 보면 기회가 왔다는 것을 나만의 촉으로 느끼게 되는 것이다.

내 꿈이 세상과 연결되는 기술을 디지털 플랫폼을 통해 즉시 배우고 즉시 활용해 볼 수 있는 시대다. 이제는 전문가들이 먼저 해 본 실수와 내공이 커리큘럼으로 녹아 있으니 혼자 공부하지 말고 그들이 하라는 대로 따라 하는 것이 효율적이다.

앞에서도 이야기했지만 코로나가 터지고 나서 내가 제일 먼저 시작한 것은 책 읽기와 온라인 강의를 듣는 것이었다. 그중 책 읽기의 비중이 가장 컸는데 이 시기에 나는 많은 책을 한꺼번에 직접 사서 읽었다. 형광펜으로 줄을 그어가며 읽었더니 그동안 내가 책을 읽어내려간 흐름이 보이기 시작했다. 코로나 이후 발간된 돈과 일자리, 생계와 밀접하게 관련된 내용의 책에서 자주 쓰는 용어도 보이기 시작했다. 그렇게 나의 현재와 비교했고 이때 떠오른 아이디어는 바로 펜으로 메모했다. 이 가운데 실행할 수 있는 것은 바로 적용했다.

나를 위한 인생 시나리오를 상상하며 쓰고 고치기를 반복하면서 40대에 내가 해야 할 일의 리스트가 완성되었다. 창의노리터 창업과 국내 가베 교육 네트워크 확장, 책 출간, 교육회사 북엔드 창업이었다. 아이디어들은 한꺼번에 몰려와 현실이 되어 내 직업과 일하는 방식을 변화시켰다. 모든 것이 시시각각 변하는 시대에서 살아남기 위해 지금도 나는 내게 필요한 지식을 골라 빠르게 배우고 내 일에 적용하는 '뉴 러너', '킵 고잉'의 일상을 살고 있다.

배워서 남 준다

'앞으로도 계속 이 일을 할 수 있을까?'

'코로나 이후 달라진 세상에서 나는 어떻게 살아갈 것인가?'

'살아남기 위해 무엇을 해야 할까?'

'미래의 나는 어떤 형태의 강사로 존재해야 될까?'

내가 인생의 로드맵을 찾기 위해 스스로 한 질문들이다. 삶이라는 건 내가 한 질문에 답을 찾는 과정일지도 모른다.

『질문하면 달라진다』라는 책을 쓴 심리학자 이민규 박사는 이런 말을 했다.

"인간의 뇌는 참으로 놀라운 능력을 갖추고 있다. 우리 자신에게 질문을 던지면, 그 순간 뇌는 고도로 정밀한 안테나를 세워 필요한 정보를 수집하기 시작한다.…(중략)…그러니까 우리 자신에게 질문을 던지면, 우리 내부는 즉시 변화의 스위치가 켜지고 성장을 시작한다."

- 『질문하면 달라진다』, 이민규, 끌리는책

이민규 박사는 성장하는 원동력을 자신에게 하는 질문이라고 한다. 늘 질문하며 살아야 하는 이유로 질문하는 자는 답을 피할 수 없고 질문이 없다는 것은 생각이 없다는 것이며 세상에서 가장 중요한 질문은 자신에게 하는 질문이라는 세 가지를 말한다.

아이 둘을 키우며 15년간 아이들에게 수학을 가르치는 일을 계속할 수 있었던 것도 어쩌면 질문이지 않을까. 그 질문에 답을 찾기 위해 자료도 찾고 책도 읽고 강의도 들어가며 더 좋은 방법을 찾아낸 과정들이 연결되고 엮여서 내 인생이 된 것 아닐까.

나에게는 익숙한 수학이나 입시제도가 보통의 또래 학부모님들에게는 어렵게 여겨진다. 용어도 어렵고 복잡하게 얽힌 입시 구조 때문이기도 하다. 그들이 정보를 얻을 수 있는 창구는 옆집 엄마나 선배 엄마가 대부분이다. 그렇게 얻는 정보는 정확하지도 않고 편협한 것일 가능성이 많다. 그대로 따라 하면 시행착오는 당연하다. 입시에서 시행착오는 어떤 면에서는 치명적이다. 나는 내가 가진 경험과 정보와 지식으로 이들을 돕고 싶었다. '어떻게 하면 정확하면서도 쉽게 알려줄 수 있을까?' 하는 질문은 입시컨설팅으로 이어졌다. '생계의 위기를 어떻게 극복할 수 있을까?'라는 질문으로 스마트스토어와 유튜브가 연결되었다.

요즘의 질문은 미래 사회에 여전히 필요한 것과 필요 없게 될 것에 관한 것이다. 영수학원 원장으로서 생각해 볼 때 교육에 대한 열정은 여전하겠지만 교육방식은 완전히 달라질 것이다. '그렇다면 나는 무엇을 해야 할까' 하는 질문을 또 하게 된다. 이 질문에 대해 답을 찾는 과정에서 지금까지 쌓아온 수학 학원 원장의 경험, 디지털 경험, 조경 건축 디자인 경력 등이 모두 파이프처럼 연결되어 새로운 해답을 찾아내게 될 것이다. 그리고 다른 사람의 지식과 경험과 능력이 내 속에 들어와 나를 제대로 된 방향으로 이끌어갔듯 나의 경험과 생각도 누군가에게로 흘러들어가 그들을 도울 것이다. 배운 것은 결국 남을 위한 것이 되는 것이 바른 것이라고 생각한다. 그래야 의미 있는 배움이기 때문이다. 내가 40대에 꿈꾸는 좋은 평생교육 콘텐츠를 만들고 이를 전하는 사람이 되고자 하는 소망 역시 배워서 남 주는 것이 목적이다.

창의력은 자기 주도 학습 경험으로 키울 수 있다

창의력은 경험에서 나온다

"미래는 창의력이 좌우할 것이다."

AI와 경쟁하는 세상을 앞둔 시점에서 많은 전문가들의 공통된 예측이다. 창의력은 경험에서 나온다. 창의성을 자극하려면 아이 스스로 경험하도록 해주어야 한다. 아이 곁에 붙어 모든 것을 일방적으로 가르쳐 주는 것으로는 창의력을 키울 수 없다. 직접 체험해 보고 좋아하는 것을 찾고, 알아서 문제를 해결하는 방법을 탐구하도록 이끌어 주는 것이 중요하다. 경험하고 익히며 섞여야 비로소 새로워질 수 있다. 즉, 자기 주도 학습을 해야 한다.

주입식 교육에 길들여진 아이들은 자기 주도 학습으로 전환하기가 몹시 어렵다. 성과가 바로 나오지 않기 때문이다. 학부모가 더 조급할 수도 있다. 단기간에 성적이 나오지 않으면 방법이 잘못되었다고 판단하기 쉽다. 해도 안 된다고 실망하고 포기해 버리기 쉽다.

하지만 세상은 경험을 소중하게 여기는 방향으로 움직이고 있다. 경험이 재산이고 지식이 되는 시대가 되었다. 나만의 특별한 '무엇인가'가 있어야 가능성이 있다. 성과가 나지 않고 시간이 걸리더라도 자기 주도 학습으로 반드시 전환해야 하는 이유다.

평생 학습 시대가 되면서 자기 주도 학습의 중요성은 더욱 강조되고 있다. 배워야 하는 것은 끝이 없고, 학습은 성인이 된 후에도 계속 필요하다. 자신의 목표와 가치를 제대로 설정하고 온전하게 지켜내야 자아실현을 해 나가며 살 수 있다. 이것이 미래 시대 우리의 숙제이다.

이것을 가능하게 하는 것은 바로 자기 주도 학습의 경험이다. 나를 나답게 만드는 것, 자신을 행복하게 하는 것, 나의 가치관을 바로 잡는 것, 나를 치유하는 것 모든 것이 자기 주도 학습을 통해서만 실현할 수 있는 것들이다.

학습자가 자기 주도 학습 능력을 키워 몰입을 경험하도록 지속적인 훈련과 노력의 과정에서 아이가 포기하지 않게 이끌어 주는 역할이 사교육자로서 오늘 내가 해야 할 일이라 생각한다.

[부록]
피타쌤의 수학 잘 가르치는 법

요즘 어려서부터 사고력, 교과, 연산, 교구, 놀이 수학 등 다양한 이름과 종류의 수학 교육을 하는 아이들을 흔히 볼 수 있다. 하지만 미취학 시기부터 무조건 수학을 해야 하는 것은 아니다. 수학 학습은 아이의 학년과 수준, 성향에 따라 각자 다른 속도로 나가야 하는 것이 맞으며 정답은 없다.

누구나 수학을 잘할 수 있다. 수학을 잘하는 방법이 분명히 있기 때문이다. 올바른 방향으로 이끌어 주기 위해서 가장 중요한 것은 반드시 학습자가 기준이 되어야 한다. 학생마다 필요한 로드맵이 무엇인지 파악하고 계획을 세우려면 학습자의 성향과 얼마만큼의 학습량을 소화하는지 세밀하게 파악해야 한다.

그동안 현장에서 수업을 하며 파악한 여러 교재의 특성과 아이들에게 학년별, 수준별로 로드맵을 짜서 가르쳤을 때 효과가 좋았던 것을 간단하게 정리해 이야기해 보고자 한다.

초등 1~2학년의 경우 실제 교구를 이용한 다양한 활동이 추가된 사고력 수학의 비중을 많이 잡아도 괜찮은 학년이다. 단, 아이의 한글 문해력과 공부 습관부터 먼저 잡아 준 다음 아이의 연산 수준을 확인해야 한다.

연산 수준이 뒤처져 있으면 사고 과정에서 연산 때문에 문제를 푸는 데 어려움이 생기기 때문에 교과 수준의 연산 비중을 높게 잡아야 한다. 연산 학습의 경우 수학 원리를 제대로 배울 수 있도록 올바른 학습법으로 알려주어야 한다. 단순 계산만 반복하는 학습은 멀리해야 한다. 반대로 교과 수준의 연산이 능숙하다면 사고력 학습의 비중을 높여도 좋다. 나아가 수학적 역량이 뛰어난 아이라면 교과 심화나 다음 학기 학습을 병행할 수 있다.

초등학교 3학년 이후로는 수학 실력의 수준 차이가 뚜렷하게 생겨 교과 수학 수준별로 로드맵을 다르게 해야 한다.

① 교과 수학 수준이 하위권이라면 연산 학습과 기본 개념서를 기본으로 유형서를 병행해 나가도록 하며 학교 수학 수업 수준의 학습을 평균 이상으로 끌어올리는 것에 집중한다.

② 중위권 아이들은 부족한 부분을 메워 상위권으로 도약할 수 있도록 로드맵을 설정해야 한다. 하위권보다 유형서와 응용서의 비중을 높게 잡

고 심화서와 다음 학기 교재를 병행하는데 이때 아이의 성향에 따라 심화서와 다음 학기 교재의 비율을 조절한다.

③ 상위권 아이들은 수학의 개념 이해가 높아 응용서를 기본서로 시작한다. 문제 유형서로 준심화서를 선택하여 필요한 부분만 집중적으로 골라 학습하도록 한다.

TIP 1. 피타쌤이 추천하는
초등 교과수학 수준별 수학교과 문제집 로드맵

하위권

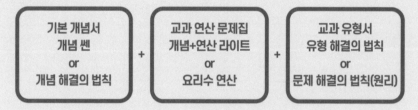

*연산문제집 필수

중위권

기본 개념서 우등생 해법 수학	교과 심화서 최상위 초등 수학 or 최상위 S	다음 학기 진도서 병행 우등생 해법 수학 or 만점왕(기본)

*필요에 따라 연산문제집 추가

상위권

기본서 유형 해결의 법식 or 쎈	교과 심화서 최상위 초등 수학 or 최고 수준	다음 학기 진도서 병행 우등생 해법 수학 or 만점왕(실력)

TIP 2. 피타쌤이 추천하는 초등 연산/도형파트 문제집

연산: 개념+연산, 쎈 연산, 초등 분수 개념이 먼저다, 최상위 연산,

상위권 연산 960

도형: 플라토, 교과 도형

Chapter 2
이진희 이야기

과학학원 이진희 원장의
과학과 책임감 이야기

컨테이너 집의 빈곤과 결핍, 그리고 변화를 꿈꾸다

IMF

"정부가 결국 국제통화기금 IMF에 구제금융을 신청하기로 했습니다. 경제 우등생 한국의 신화를 뒤로한 채 사실상의 국가부도를 인정하고, 국제기관의 품 안에서 회생을 도모해야 하는 뼈 아픈 처지가 된 것입니다."

-1997년 11월 21일 MBC 뉴스데스크 이인용 앵커의 오프닝

"시급한 외환 확보를 위해 국제통화기금의 자금 지원 체제를 활용하겠습니다. 이에 따른 다방면에 걸친 경제 구조조정 부담도 능동적으로 감내해 나가도록 최선을 다할 것입니다. (중략) 지금은 누구를 탓하고 책임을 묻기보다 우리 모두가 다시 한번 허리띠를 졸라매고 고통을 분담하여 위기 극복에 나서야 할 때입니다."

-1997년 11월 22일 김영삼 대통령의 대국민 담화

고3 수능을 마친 무렵, TV만 틀었다 하면 들려오는 것은 IMF 관련 소식이었다. 그러나 내게는 그냥 그런 일이 생겼구나 하는 정도 이상은 와닿지 않았다. 많은 뉴스들이 그렇듯이 IMF 역시 나와는 아무 상관 없는 일일 테니 말이다.

몇 달 후 난 스무 살의 새내기가 되었고 캠퍼스를 누비며 온갖 환영회와 MT를 정신없이 쫓아다녔다. 학번 MT 때였나 동생으로부터 한 통의 전화를 받았다.

"우리 집이 없어졌어. 지금 엄마 아빠가 짐 몇 개만 용달차에 실어 아빠 공장으로 도망가는 중이야."

이게 무슨 청천벽력 같은 소리인가. 한참 술이 올라와 혼미했던 정신이 동생의 전화 한 통으로 단번에 맨정신이 되었다. 전화를 받고 바로 버스를 타고 아빠 공장으로 향했다.

학창 시절 기억을 더듬어 보면 우리 집은 부자는 아니었지만 경제적으로 부족하지는 않았다. 아버지는 페인트 만드는 기술자로 꽤 이름 있는 기업에서 오래 근무하셨다. 연봉이 높았는지 초등학교 저학년 때 다른 집에는 없는 커다란 무선전화기가 우리 집에는 있었다. 초등학교부터 중학교까지 걸스카우트 활동도 했고 한국 잼버리에도 참여했었다. 배우고 싶은 것은 말만 하면 다 배울 수 있었고 공부와 관련된 것들도 말 한마디면 다 가질 수 있었다. ○○스퀘어라고 지금 생각해보면 정말 쓸데없는 물건인데 집중력에 좋다는 소리를 듣고 엄마를 졸라 샀던 기억도 있다. 난 우리 집이 잘산다고 생각했다.

MT 장소였던 강촌에서 여러 번 버스를 갈아타며 김포 공장으로 향했다. 버스 안에서 온갖 상상을 했다. 드라마를 너무 많이 본 탓인지 빨간 딱지가 떠올랐다. 동시에 묵직한 두려움이 엄습했다. '아, 우리 집이 망했구나.'

생각해보니 아빠가 페인트 회사에서 나와 페인트 공장을 차렸다는 말을 들었던 것 같다. 그때가 고등학교 1학년. 공장장에서 사장이 되었다고 온 가족이 비싼 고깃집에서 외식을 했던 기억도 났다. 그러니까 아빠는 3년 전에 사업을 시작하신 것이다. IMF 직전에 말이다. 기술자 출신이라 기술만 있었지 사업이 뭔지 마케팅이 뭔지 배워본 적도, 경험해본 적도 없는 그런 분이 퇴직금 전액을 탈탈 털어 공장을 차리신 것이다.

처음에는 잘 되는 편이었으나 결국 사업이 기울고 직원들 월급과 매달 나가는 유지비를 충당하기 어려워 달랑 한 채 있던 집을 담보로 빚을 져가며 겨우겨우 연명했다고 한다. 그 와중에 나와 상관없었어야 할 IMF까지 겹쳐 결국 한 채 있던 집마저 사라져버린 것이다.

컨테이너 집

공장에 도착해보니 상상했던 것보다 훨씬 비참했다. 버스에서 내려 20분 넘게 논두렁을 사이에 두고 한참 걸어가야 공장이었다. 허허벌판 캄캄한 공장 안은 아무것도 없었다. 딱 우리 네 식구의 앞날 같았다. 앞이 안 보였다. 페인트 공장이다 보니 사방에 놓인 것들이 다 독극물이었다. '이대로 네 식구가 사라져야 하나.' 하는 생각까지 들었다. 아빠의 그간 사업 이야기와 엄마의 통곡 속에서 아침이 밝아왔다.

우린 아침에 컨테이너 사업장에 찾아갔다. 거기서 간이식 집을 설계 받았고 그게 우리 집이 되었다. 12평짜리에 방 하나, 주방 하나. 얼마 만에 네 식구가 한방에서 자보는 것인지. 그렇게 우리 네 식구의 컨테이너 단칸방 생활이 시작되었다.

캄캄하고 어두운 공장 안의 단칸방에는 아무것도 없었다. 부족하고 모자란 것투성이였다. 꿈도 없었다. 희망도 보이지 않았다. 때로는 죽고 싶을 만큼 힘들었다. 가난해지다 보니 예민해졌다. 보통 사람과 다른 눈으로 세상을 바라보고, 길거리를 지나는 사람들을 곁눈질로 쳐다보게 되었다. 항상 잔뜩 주눅 든 눈으로 주변을 살피고 혹시 나에게 뭐라고 하나 싶어 사람들의 말 한마디마다 신경을 쓰게 되었다. 캠퍼스의 눈부시게 찬란한 20대들과 나는 철저히 분리된 느낌이었다. 내 모습이 너무 초라했다. 학교에 돌아가고 싶지 않았다. 누구도 만나고 싶지 않았다.

그러나 벗어나야 했다. 패배자의 모습으로 세상을 포기할 수는 없었다. 여기저기 일자리를 알아보며 다녔다. 살아야 했다. 다행히 알음알음 들어오는 과외가 있어서 용돈 벌이는 할 수 있었다. 한 학기를 마치고 휴학을 했다. 그때부터 본격적으로 과외를 하기 시작했다. 그렇게 가르치는 것에 자신감이 붙을 무렵 우연히 지역 신문에 있는 학원 강사 구인 광고를 보게 되었고 나름대로 이름 있는 학원이었다. 나는 지원을 했고 합격을 했다. 다시 희망이라는 단어를 가슴에 받아들일 수 있었다.

결핍 그리고 간절함

결핍은 나를 간절하게 만들었다. 꼭 무엇을 갖고 싶어서가 아니었다. 그저 일상의 생활이 간절했고 숨을 쉬는 것마저 간절했다. 간절함은 나를 더 노력하게 했고, 더 연구하고 찾아보게 만들었다. 가끔 아빠 사업이 망하지 않았다면, 컨테이너 단칸방에서 살아보지 않았다면 어땠을까 하는 생각을 한다. 그랬다면 나는 한 번도 간절하지 못해보고 지금까지 살고 있지는 않을까 싶어 섬뜩해진다. 내 인생이 날마다 간절히 살아야 할 만큼 소중하고 값진 것이라는 것을 알지 못했을 테니 말이다.

너무 힘들고 아팠던 시간이었지만 결핍은 나로 하여금 한 걸음 앞으로 나아가게 만든 가장 큰 원동력이 되어주었다. 그래서 결핍이 고맙다.

"결핍이 나를 열정적으로 일하게 만들었다. 너무 가난해서 제약이 많았고 기회가 충분히 채워지지 않았다. 그러다 보니 내 몸에서 '해 보고 싶어, 이루고 싶어'라는 간절함이 넘쳐났다. 결핍이야말로 성장을 가져다주는 가장 센 동력이다."

- 할리우드 콘셉트 디자이너, 스티브 정

20년 전부터 N잡러, 천직을 찾다

N잡러

취업 플랫폼 잡코리아와 알바몬이 조사해서 발표한 'N잡 현황(2023년 8월)'을 보면 '현재 N잡을 하고 있다'고 답한 직장인이 37.8%, 'N잡을 해 봤다'는 직장인이 51.2%인 것으로 나타났다. 10명 중 9명이 N잡 경험이 있는 것이다. 요즘 N잡러는 하나의 트렌드로 자리 잡았다.

N잡러란 2개 이상의 복수를 뜻하는 'N', 직업을 뜻하는 'job', 사람이라는 뜻의 '러(-er)'가 합쳐진 신조어로, 생계유지를 위한 본업 외에도 개인의 자아실현을 위해 여러 개의 직업을 가진 사람을 의미한다.

나는 20년 전부터 N잡러였다. 그러나 조금 다른 형태였다. 자아실현이 목적은 아니고 첫 번째도 생계유지, 두 번째도 생계유지, 세 번째도 생계유지였다. 기본적으로 세 가지 일을 동시에 했다.

첫 번째 일은 오전 8시부터 근무하는 현대백화점 내에 있던 버*킹 패스트푸드점 아르바이트였다. 보통 처음에는 바닥 청소, 주방 청소 등 청소부터 시작한다. 다음 단계는 햄버거 재료 손질과 패티를 굽고 감자를 튀기는 업무다. 그 이후 여러 종류의 햄버거 만드는 법을 배운다. 이것도 쉬운 일은 아니다.

고객 주문을 받는 캐셔가 되기 위해서는 최소 6개월 이상 근무해야 했다. 그때 캐셔는 팀장급이었고 나의 선망의 대상이었다. 아니 백화점에서 쇼핑을 하고 아이들과 햄버거를 주문하는 모든 사람이 부러웠다. 한 푼이라도 더 벌기 위해서가 아니라 나도 물건을 사고 음식을 먹으러 백화점에 가는 고객이고 싶었다.

패스트푸드 아르바이트를 끝내면 두 번째 학원에 출근을 했다. 오후 2시부터 시작하는 학원 강사였다. 나는 처음에 초6, 중1 수학을 가르쳤다. 그런데 수학을 가르친 건 단 하루였다. 이튿날 출근하자마자 원장님으로부터 급한 호출을 받았다. 중등 과학을 가르쳤던 여자 선생님께서 갑자기 그만두셨다는 것이다. 원장님은 내 전공이 생명공학이니 당장 오늘부터 그 선생님 수업을 맡아 달라고 요청하셨다. 바로 전날 학원에 첫 출근한 진짜 생초보 강사인 내가 그런 법이 어디 있느냐고 할 입장은 아니었다. "네. 알겠습니다." 씩씩하게 대답하고 수업 준비를 했다. 나는 출근 이틀 만에 수학 강사 경력을 가진 과학 선생님이 되었다. '내일은 또 다른 과목을 하는 것 아냐?' 하는 걱정 속에서 하루하루 수업을 이어 나갔다. 그것이 지금까지 계속되어 과학 학원 원장까지 하고 있게 될 줄은 누가 알았을까.

세 번째 일은 대리기사였다. 고등학교 졸업하자마자 땄던 운전면허가 큰 도움이 되었다. 면허를 따자마자 아빠 차로 운전을 해봐서 운전은 자신 있었다. 학원 일을 10시에 끝내고 새벽 2시까지 대리운전을 했다. 지금 생각해보면 이렇게 흉흉한 세상에서 무슨 깡으로 20대 여대생이 대리운전까지 했는지 아찔하다. 그런데 그때는 사람보다는 가난이 더 무서웠다. 대리운전을 하면서 술 취한 다양한 사람들을 만날 수 있었다.

그들 중에는 젊은 아가씨가 생활력이 강하다고 칭찬해 주시는 분, 어린 여자가 위험하지 않겠냐고 걱정해 주시는 분, 열심히 살라고 응원해 주시는 분 등 나를 격려해주시는 분도 많이 계셨다. 세상은 아직 살 만하다는 생각을 했다. 좋은 분들이 많았다.

그러던 어느 날 나는 잊을 수 없는 말을 듣게 되었다. 어느 술집 앞에서 수입차를 처음으로 운전하게 되었다. 영광이었다. 처음 타보는 벤*. 작은 흠집이라도 낼까 봐 벌벌 떨며 차 키를 받아들고 시동을 걸었다. 거나

하게 취한 40대 남성분이 아직도 흥에 젖어 노래를 흥얼거리며 탔다.

"야, 너 몇 살이야!"
반말이다. 익숙하다. 고객의 절반은 반말이었으니 말이다.

"내가 오늘 술을 200만 원어치 먹었는데 너한테 주는 대리비 3만 원이 왜
이렇게 아깝냐. 세상 호락호락하지 않다. 돈 벌기 힘드니 열심히 살아라."

마지막엔 응원의 메시지로 끝났지만 모욕감이 느껴졌다. 세상이 호락
호락하지 않다는 것도, 돈 벌기 힘들다는 것도 이미 잘 알고 있는데 200
만 원어치 술 드신 분이 고작 3만 원이 아깝다고 내뱉은 한마디가 내겐
너무 큰 상처였다. 대리운전이 3만 원의 가치도 없는 일이라는 게, 내가
가치 없는 일을 하고 있다는 게 싫어 더 이상 대리운전은 하지 않기로 했
다.

이외에도 호프집 서빙, PC방 알바 등 다양한 일들을 했다. 이들 중 내
마음을 설레게 하고 기대하게 하고 심장을 뛰게 했던 건 아이들을 가르
치는 일이었다.

학원 강사라는 천직

오전에 패스트푸드점에서 힘들게 일하고 학원에 출근하는 것이었는데도 아이들을 보면 활력이 생겼다. 아이들은 그때나 지금이나 사랑스럽다. 공부를 못하면 못하는 대로, 잘하면 잘하는 대로 언제나 기특하고 소중하다. 내가 뭐라고 "선생님, 선생님." 하고 따르며 성적 고민, 연애 고민, 친구 고민, 부모님 고민 등 온갖 고민도 털어놓곤 한다. 그리고 내 생각을 말해주면 진지하게 듣고 그대로 해 보려고 노력한다. 지금 생각해 보면 아이들 속에서 난 마치 TV 속 오은영 박사님이었던 것 같다.

학교 성적을 20점 받았던 아이가 90점 이상을 받아오고, 사춘기가 심하게 와서 부모님 말씀 안 듣고 가출한 아이를 독려하여 집으로 돌려보내기도 하고, 돈이 없어 수강료를 못 낸 아이를 6개월 무료로 가르쳐 성균관대에 합격시켜 보기도 했던 좋은 경험들이 어둡고 힘들던 그때의 상황을 버틸 수 있게 만들었다. 행복이 무엇인지 몰랐던 내게 행복을 느끼게 해주었다.

여러 가지 일을 하며 대학을 다니던 나는 사실 대학을 꼭 졸업해야 하는지 매번 갈등이었다. 휴학과 복학을 반복하다 보니 지치기도 했다. 그리고 1년 동안 학원에서 정들었던 아이들과 복학 때문에 헤어져야 하는 것도 많이 힘들었다. 그냥 학교를 포기할까도 수만 번 고민했다. 그러나 아이들 앞에 떳떳한 모습으로 서고 싶었다. 그래서 다시 학교로 돌아갔고 어렵게 6년 만에 대학을 졸업했다. 아이들은 어느덧 내 삶의 이유가 되어 있었다.

생계를 위해 N잡러가 되었지만 덕분에 내 천직을 찾은 것은 큰 수확이었다.

과학 선생님의 비과학 이야기

위대한 과학

"과학에는 위대한 아름다움이 있다. 과학자는 마치 동화처럼 자신에게 감명을 주는 자연 앞에 선 어린아이다."

라듐을 발견한 과학자 마리 퀴리가 한 말이다. 나는 이 말처럼 과학을 생각하면 언제나 설렌다. 신비한 세계를 알아가는 과학은 매력적인 학문이다. 드넓은 우주가 어떻게 생겼는지 가보지 않고도 알아낼 수 있는 방법, 그것이 과학이다. 상상과 계산으로 아귀가 딱딱 맞는 법칙을 만들어 간다는 것은 말로 할 수 없이 흥분되고 때로는 가슴 벅찬 일이다. 나는 과학이 좋다.

운 좋게 나는 내가 좋아하는 과학과 관련된 일을 직업으로 갖게 되었다. 학원의 과학 강사 일이다. 그 일은 성적이 올랐을 때 기뻐하는 아이들을 보는 성취감은 물론 매사에 감사해하고 존경도 마다하지 않는 학부모님들의 지지까지 얻을 수 있으니 나에겐 천혜의 일이다.

학원 강사 누구나 그렇듯 나도 중등부부터 시작했다. 중1, 2, 3 그중 중3이 나와 제일 잘 맞았다. 중1은 아직 어린 아기들 같았고 중2는 북한도 무서워한다고 할 만큼 소통이 쉽지 않았다. 중3은 중2의 폭풍과 같은 시기가 끝나고 어느 정도 어른의 티가 나는 시기다. 무엇보다 대화가 통한다. 공부에 관심 없던 녀석들도 슬슬 고등학교 진학에 관심을 갖기 시작하고 미래를 걱정하기도 한다. 물론 집에서는 중2와 똑같다고 부모님들은 말씀하신다. 그래도 난 중1보단 중2가, 중2보단 중3이 더 좋았다.

중등부 수업을 몇 년 하다 보니 고등부 수업에 대한 열망이 생겼다. 그래서 중1부터 고1까지 할 수 있는 곳으로 이직을 하였다. 그곳은 다시 한번 내 인생이 바뀌는 계기가 되었다.

연애

새 학원에서 고등학생을 가르치게 되었다는 자부심으로 나는 영혼을 갈아 넣었다. 그때는 10시 교습 제한이 없었기 때문에 2시에 출근해서 밤

12시까지, 어떤 날에는 새벽까지 수업을 했다. 그래도 좋았다. 갑자기 예상하지 못했던 질문이 나왔을 때의 긴장감과 매일매일 새로운 공부를 할 수 있다는 즐거움에 힘든 줄 몰랐다. 그리고 친구들에 비해서 수입이 좋았다. 취업한 친구들 사이에서 내가 제일 잘 벌었다. 친구들 만났을 때 취기에 호프집에서 골든벨을 울린 적도 있다.

수업은 많아 힘들었지만 즐겁게 일할 수 있었다. 그러나 그런 즐거움은 오래 가진 않았다. 학원생이 수백 명인 프랜차이즈 대형 학원이었으나 계열이 분리되면서 반토막이 났다. 학원이 반토막 나니 내 수입도 반토막이 났다.

'반토막이면 어때. 고1이 2학년이 되면 2학년을 가르칠 수 있고, 2학년이 3학년이 되면 3학년을 가르치게 되는 기회가 생길 텐데….' 이런 마음으로 힘들었지만 버틸 수 있었다. 그러던 중 수업만 하던 내게 한 사람이 눈에 들어왔다. 새로 오신 고등부 수학 선생님이었다.

20대의 찬란한 시기 미성숙했던 자아와 여러 가지 내가 처한 환경으로 좋은 사람을 만나보지 못했다. 아니 솔직히 말해서 워낙 털털하고 여성미 없는 성격이라 내게 관심 가져주는 남자들이 별로 없었다. 처음에는 그 선생님도 마찬가지로 나에게 별 관심이 없어 보였다. 데면데면했다. 눈 마주치면 어쩔 수 없이 어색한 인사를 주고받는 정도였다.

출근을 일찍 하지는 않지만 지각이나 결근도 역시 안 하는 사람이었다. 열정은 없는 것 같은데 수업은 열심히 하고 재미없게 생겼지만 아이들에게 인기는 많은 알 수 없는 스타일의 선생님이었다.

그런데 어느 날 그가 결근을 했다. 아버지가 중환자실에 계시다는 소식을 부원장님께 들었다.

며칠 후 출근한 그에게 아버님 안부를 물었다. 다행히 위급했던 상황은 지나가고 안정이 되어 일반 병실로 옮겼다고 했다.

"정말 다행이에요. 걱정이 크셨겠어요." 그는 내 말에 어색해하며 옆에 있는 중등부 수학 선생님과 퇴근 후 맥주 한잔 할 건데 같이 가자고 권했다. 안 그래도 궁금했던 사람인데 거절할 이유가 없었다. 그렇게 우린 퇴근 후 근처 맥주집으로 향했다. 역시 술은 언제나 좋다. 어색했던 사이였는데 금세 가까워졌다. 나이도 마침 같아서 그날 이후 우린 술친구가 되었다.

10시간 넘는 수업으로 힘들기만 했던 학원 생활이 술친구 덕분에 출근 시간이 기다려졌다. 오히려 공휴일이나 연휴가 싫었다. 그는 보기와 달리 굉장히 해박하고 유머 있는 사람이었다. 나에게 무관심해 보였지만 내가 스치며 했던 말까지 잘 기억하고 있었다. 그런 그에게 점점 끌리기 시작했다. 그러던 어느 날, 출근하려고 엘리베이터를 기다리는데 그가 내렸다. 갑자기 심장이 마구 뛰었다. 내 심장 소리가 밖으로 새어 나와 그에게도 들리는 것 같았다.

'과학 선생이 왜 이러는 걸까? 혹시 이게 사랑이라고? 이렇게 갑자기?'

"사랑은 시공간을 초월하는 우리가 알 수 있는 유일한 것이에요. 이해는 못 하지만 믿어보기는 하자구요."

영화 〈인터스텔라〉에 나오는 대사다. 나는 나에게 일어난 일을 이해할 수 없었다. 그러나 나타난 현상을 거부할 수도 없는 일이었다. 나도 믿어 보기로 했다.

그날 그에게 퇴근 후 시간을 달라 요청했다. 그리고 그와 단둘이 술을 마셨다. 다짜고짜 고백하면 상대가 놀랄 것 같아서 고백할 타이밍을 노리고 있었다. 그런데 도무지 입이 떨어지지 않았다. 있는 게 깡뿐인 나인데 연애에서 이렇게 서투르다니. 그렇게 1차가 마무리되었다. 노래방에 가자고 했다. 그도 적극적이진 않지만 소극적 흥은 있어 보였다. 노래방, 그 시끄러운 장소에서 무슨 고백을 할 수 있을까? 그냥 보내기는 싫어 갑자기 떠오른 장소였다. 그렇게 우리는 노래방을 향했고 그는 내가 좋아하는 발라드를 불렀다.

더 미룰 수가 없어 내가 먼저 말을 했다. "나 너를 좋아해. 일단 난 널 선택했어. 그다음은 네 차례야." 기다렸다는 듯 그가 바로 말했다. "그럼

오늘부터 1일." 그날부터 우린 연인이 되었다.

사내의 비밀연애는 참 쫄깃했다. 다른 사람들은 알 수 없는 시그널로 우린 소통했다. 사랑의 힘은 위대한 것 같다. 똑같았던 하루 10시간의 수업이 전혀 힘들지 않았다. 심지어 퇴근이 아쉬웠다. 이런 내 마음이 티가 났던 걸까? "쌤, 수학 쌤이랑 잘 어울려요." "쌤, 수학 쌤 어떻게 생각하세요?" 수업 시간에 떠보는 아이들의 질문에 넘어간 나는 그만 들키고 말았다. 소문은 순식간에 퍼져 우리의 연애가 옆의 경쟁 학원에까지 알려졌다. 부원장님의 호출에 이어 원장님까지 우리를 불렀다. 만약 우리가 헤어지면 누군가는 퇴사를 하고 그것 때문에 학원이 받게 될 피해를 걱정하셨다. 충분히 학원 입장을 이해할 수 있었다. 난 당당하게 말했다. "괜한 걱정 안 하셔도 됩니다. 헤어져서 퇴사할 일은 없습니다." 연애하면서 이 사람에 대한 확신은 더해 갔다. '그래, 결혼이다.'

결혼

어느 날 각자 집안 얘기를 하게 되었다. 이버님 성함이 이○○. 뭔가 느낌이 싸했다. 성이 같은데 돌림자가 우리 집안과 같았다. 혹시 몰라 본관을 물었더니 동성동본이 아니겠는가. 거기에다 파까지 같았다. 이게 무슨 운명의 장난인지. 이제 겨우 마음에 드는 사람을 만났는데 같은 집안 사람이었다니. 부모님께 연애 소식을 알려드리고 사실을 말씀드렸다.

아버지는 상대 부모님께 먼저 여쭙고 그쪽에서 반대하시면 정들기 전에 정리하라고 하셨다. 그에게 사실을 알렸고 양쪽 집안의 반대는 없었다. 그 이후 난 그를 만날 때마다 "넌 나랑 결혼하게 되어 있어."라며 세뇌교육을 시켰다. 스마트했던 그는 역시 교육이 잘 통했다. 몇 번 교육시키지 않는데 얼마 가지 않아 그의 부모님을 뵙게 되었고 우리의 결혼은 일사천리로 진행되었다.

수컷 주부 키우기

출산과 육아

서른셋, 우린 결혼을 했고 나는 드디어 고3 학생까지 지도하게 되었다. 결혼생활은 서툴렀지만 나의 학원 생활은 무르익어 갔다. 2시간 수업을 위해 3~4시간씩 수업 준비를 했다. 누군가의 인생을 거는 시험에 내가 있었고 이러한 상황에서 아이를 갖는 것은 생각조차 할 수 없었다.

서른다섯, 결혼생활 2년 차에 접어들 무렵, 매일 똑같은 일상이 지루해지기 시작했다. 마침 큰형님이 둘째 조카를 낳아 갓난아기를 자주 볼 기회가 있었다. 이렇게 작은 아기를 직접 만지고 볼 수 있었던 건 처음이었다. 조카를 볼 때마다 너무 사랑스러웠고 예뻤다. 처음 느껴보는 감정이었다. 드디어 때가 온 것일까? 더 늦기 전에 아이를 가져야겠다는 생각이 들었다. 남편도 2세 계획에 동의했고 얼마 지나지 않아 첫아이를 갖게 되었다. 나는 엄마가 되었다.

2.5킬로그램으로 태어난 작은 아기는 '이쁘다. 사랑스럽다.'라기보다는 신기했다. 2주간의 조리원 생활 후 난 본격적으로 단 한 번도 해보지 않은 육아를 시작했다. 하루 종일 아기만 바라봤다. 남편의 근무 시간이 짧았음에도 하루 종일 남편만 기다리고 아기만 바라보는 신세가 되었다. 머리가 점점 나빠지는 기분이었다. 책을 봐도 무슨 내용인지 머릿속에서 정리가 안 되는 느낌도 있었다. 학원 생활이 그리웠다. 아이들이 보고 싶었다. 공부가 하고 싶었다.

남편은 아기를 정말 사랑했다. 분유 먹이고 트림시키기, 실내 온도와 습도 체크, 기저귀 발진 체크 등 내가 챙겨야 할 대부분을 남편이 챙겼다. 심지어 어부바도 나보다 잘했다. 평소 아기들한테 큰 관심이 없던 사람이었는데 자기 자식에 대한 사랑은 끔찍했다. 그러나 난 달랐다. 학원 강단에서 에너지를 쏟아내던 그때가 너무 그리웠다. 도저히 참지 못하고 4개월 만에 육아 탈출 계획을 세웠고 탈출할 수 있었다.

역할 바꾸기

아기는 친정엄마의 도움을 받기로 했다. 일주일에 세 번. 아기는 엄마가 키워야 한다는 남편의 반대가 있었지만 일주일에 세 번만 일하겠다고 다짐을 받고서야 허락을 받았다. 4개월 동안 아기를 보며 목동과 일산 맘카페 활동을 열심히 했다. 육아의 정보를 받기도 했고 내가 아는 교육 정보도 풀어놓으며 왕성한 활동을 했다. 그동안 난 일산에서만 줄곧 일해 왔는데 시장에 대한 변화를 주고 싶었다. '그래, 목동 학군지다.'라는 생각에 목동 카페 활동을 더 열심히 했다. 덕분에 목동에서 과외수업이 알음알음 들어왔다. 얼마 만에 해보는 수업인가? 해방감에 수업 준비를 더 열심히 할 수 있었고 아이들의 수업 만족도도 높은 편이었다.

소문은 삽시간에 퍼져 학생 한 명이었던 수업이 두 명, 세 명, 한 달 사이 열 명이나 되었다. 수업 일수를 늘리지 않고서는 안 되는 상황이었다. '일주일에 세 번' 약속을 깨야만 했다. 남편에게 이 사실을 알리자 예상했던 대로 반대가 심했다. 절대로 안 된다고 했다. 우리에게는 아이가 소중하니까 아이를 지키라고 했다. 난 그렇지 않았다. 아이를 지키려다 나를 못 지킬 판이었다.

우리의 갈등은 오래갔다. 서로 한 치의 양보 없이 의견 대립이 팽팽했다. 그렇게 며칠이 지났을 무렵, 남편이 선전포고하듯 말했다. "내가 아이 볼게. 당신이 일해."

이 무슨 날벼락 같은 소리인가. 눈앞이 캄캄했다. 이건 아니지 않을까. 어떤 말을 해야 할지 아무것도 떠오르지 않았다. "진심이야?"라는 소리만 몇 번 나왔다. 남편은 진심이었다. 본인이 나보다 아기를 더 잘 보는 것 같고, 요리도 더 잘하고 전업주부가 적성에 맞는 것 같으니 각자 적성에 맞는 일 하는 게 어떻겠냐고 한다. 주부는 왜 여자여야만 하느냐는 말도 덧붙였다. 모두 인정한다. 그렇지만 쿨하게 "그러자."라는 말이 나오질 않았다. 나는 몇 날 며칠 잠 못 이루고 고민에 빠졌다. 그렇다고 수업을 그만두고 싶진 않았다. 과연 가장의 무게를 감당할 수 있을지 자신이 없었다. 이런 선택을 하게 만드는 남편이 처음으로 원망스러웠다.

며칠이 지나고 남편에게 내가 내린 결정을 전달했다. 내가 가장이 되겠노라고. 그 후 남편은 일주일 만에 학원을 그만두고 그렇게 수컷 주부가 되었다. 양가 집안에서도 한바탕 난리가 났다. 부모님들은 우리를 더욱 이해하지 못했지만 그렇다고 적극적으로 반대할 명분도 없었다. 그저 한숨만 쉬실 뿐 우리에게 맡기시는 수밖에 없었다.

가장이 되니 수업에 몰입할 수 있었다. 우연히 목동에서 유명한 **고 상위권 학생 한 명을 가르치게 되었다. 그 학교는 학년당 전교생 600명 중 상위 150명을 집중 관리하는 시스템을 갖고 있었다. 내가 맡은 학생은 겨우 150등 정도 했다. 하지만 가르쳐 보니 똑똑했다. 교내 과학경시대회가 있었는데 수업 몇 번 하고 운 좋게 대상을 받게 되어 주변 친구들과 학교 선생님께 주목을 받게 되었다. 그 후 아이는 50등 이내로 진입하게 되었고, 그 학생의 어머니 주변에 많은 어머니들이 모이면서 내가 가르치게 된 학생 수는 급증하게 되었다. 혼자 50명 정도 수업을 하려니 주말은 오전 9시부터 밤 12시까지 수업을 해야만 했다. 주중 상황도 마찬가지였다. 힘들었지만 가끔씩 남편이 보내오는 아기 사진을 보며 버틸 수 있었다.

남편은 육아와 살림을 잘했다. 밤 12시, 퇴근하고 오면 아기는 고요하게 잠들어 있었다. 잠들어 있는 아기는 천사였다. 퇴근 후 남편이 차려준 저녁을 먹으며 하루 일과를 듣고 보고하며 우리의 남다른 일상은 익숙해져갔다. 이후 우리는 둘째 계획을 세웠고 둘째가 태어났다.

아빠 육아의 고뇌

대한민국에서 남자가 딸 둘을 키우는 건 쉽지 않은 일 같다. 오랜만에 일찍 퇴근해 남편과 함께 아이 둘을 유모차에 태우고 산책하는데 그동안의 어려움을 얘기해 줬다. 대낮에 남자가 애 둘과 놀이터에 놀고 있는 모습을 보는 곱지 않은 시선들, 밖에서 기저귀를 갈아야 하는데 남자 화장실에는 아이들 기저귀를 갈 만한 장치가 없었던 일, 우리 아이들은 옆에 아빠가 있다 보니 친구 만들어 주기가 어려웠던 일 등 처음 듣는 하소연이었다. 하지만 자기는 전업주부가 적성에 맞는다고 한다. 다행이다.

미래 사회의 변화하는 속도는 지금과는 비교할 수 없이 빠를 것이라 한다. 지금과 같은 사고방식에 매여 있으면 살아남기 어려울 수도 있다는 게 전문가들의 의견이다. 그런 의미에서 우리 부부는 틀을 깨본 경험을 갖게 되었으니 좀 더 잘 적응할 수 있지 않을까. 남편이 육아를 하고 내가 가장이 되었지만 어쨌든 지지부진한 갈등 상황을 넘어 한 걸음 내디딘 것이다. 앞으로 어떤 상황이 닥칠지는 모르지만 한 번 틀을 깨본 경험은 더 큰 도전과 적응도 가능하게 할 것이라 생각한다. 답이 없을 때는 프레임에서 벗어나 다른 방향에서 생각해보는 것도 흥미로운 일이다.

내 이름으로 학원을 열다

공부방

둘째는 불쌍했다. 고3 수험생들이 많아 출산하기 전날까지 수업을 해야만 했다. 만삭 사진을 출산 전날 찍으러 왔다고 하니 사진 작가님께서 많이 놀라워했다. 또한 산후조리를 오래 할 수 없어 초유 한 번 못 먹이고 분유로 시작했다. 그리고 산후조리 1주일 만에 수업을 했다.

둘째는 첫째 때보다 부기가 더 안 빠지는 듯했다. 뚱뚱해진 몸을 빨리 원상태로 돌리고 싶어 산후 두 달 만에 단지 내 헬스장에서 운영 중인 GX(Group Exercise) 수업에 등록했다. GX 사람들은 나에게 관심이 많았다. 그들은 일명 아줌마 집단이었다. 몇 살이냐를 시작으로 애는 있냐, 전업이냐, 직장맘이냐, 심지어 자가냐, 전세냐까지…. 몇 번의 수업으로 신상이 공개되었고 입시 수능 과학 강사라는 소문이 순식간에 퍼졌다.

의도치 않게 고등학생들 공부 팀이 헬스장에서 만들어졌고 집에서 바로 수업이 시작되었다. 학생들은 몇 개월 만에 50명으로 불어났다. 안 그래도 목동 수업이 벅차던 참이었는데 출퇴근 시간이 없어지니 아주 편했다. 학생 수 70명까지 도달하는 데 그리 오래 걸리지 않았다. 방 한 칸에서는 도저히 70명을 수용할 수가 없어 옆 단지 50평 아파트로 분가했다. 70명에서 100명까지 1년이 걸리지 않았다.

그러던 어느 날 겨울방학 때 들어온 중3 남학생 세 명이 있었다. 꽤 먼 곳에 사는 아이들인데 어찌어찌 소문을 듣고 내 수업을 들으러 온 것이었다. 그중 가장 기억에 남는 아이가 있었다. 그 아이는 아주 똑똑하고 겸손하고 착했다. 그때 나는 혼자서 물리·화학·생명과학(이하 물화생)을 모두 가르쳤다. 이 세 과목을 모두 잘하기는 어려운데 그 아이는 나보다 더 잘하는 것 같았다. 중3이던 아이가 고2가 된 어느 날 이렇게 물었다.

"선생님, 여기는 뭐 하는 곳인가요? 과외라고 하기에는 1:1 수업은 아니고, 공부방이라고 하기에는 애들이 너무 많고, 학원은 간판이 없으니 더욱 아닌 거 같고. 여기를 뭐라고 해야 하나요? 친구들이 과학 어디 다니냐고 묻는데 여기를 뭐라고 해야 할지 소개할 방법이 없어서요."

그 아이는 전교 1등, 내신이 1.2였는데 과학이 효자 과목이었다. 물화생 모두 1, 1, 1. 주변 친구들이 궁금해할 수밖에 없는 등급이었다. 그 아이의 질문을 듣는 순간 난 멍했다.

"글쎄, 얘들아. 여기를 뭐라고 해야 되겠니?"

그러면서 이런 생각이 들었다.

'난 왜 이 생각을 한 번도 못 했을까? 그래. 학원이다.'

학원을 열다

그리고 바로 부동산으로 달려가서 근처에 공실로 나와 있는 상가 한 층을 임대했다. 순조롭게 준비가 되어 개원을 앞두게 되었는데 적당한 학원 이름이 떠오르지 않았다. 어렸을 때는 내 이름이 너무 흔해서 싫었는데 나이가 드니 딱히 나쁘지도 않았다. 워낙 아이디어가 없는 공대 출신이라 그냥 내 이름으로 간판을 달았다. '이진희 과학 전문 학원.'

개원 한 달 만에 130명이 들어왔고, 1년 만에 위층까지 확장해서 재원생 300명을 기록했다. 눈부신 성장이었다.

그렇게 중3 때 들어왔던 아이는 고3 여름방학이 지나고 이별을 고했다. 남은 기간 혼자 정리할 시간이 필요할 것 같다고 했다. 그 아이 말이 맞다. 워낙 잘하는 아이라 내가 마땅히 해 줄 것도 없었다. 매해 경험하는 일이지만 고3과의 이별은 항상 마음이 아프다. 마치 사랑하는 자식을 떼어놓는 것 같다.

수능 며칠 전, 그 아이가 나에게 메시지를 보내왔다.

"선생님, 수능 기념 선물을 주셔서 정말 감사합니다. 지금 과탐을 정신없이 공부하고 있는데 이따금 처음 선생님 댁에서 물리 수업을 할 때라든지, 학원에 나와서 수업을 할 때라든지 기억이 나곤 합니다. 수능은 먼일인 줄 알았는데 벌써 며칠 뒤로 다가왔네요. 기분이 참 이상합니다. 마무리는 비록 함께하지 못했지만 2년 반 넘게 가르쳐주셔서 감사합니다.

과학을 선생님께 배우지 않았다면 성적이 이렇게 잘 나오지 않았을 것이고 의대라는 꿈도 꾸지 못했겠지요. 여러모로 선생님 덕분에 스스로 바뀐 점이나 배운 것들이 많은 것 같습니다. 수능 끝나고 결과 다 나오면 한 번 찾아뵙겠습니다. 당연히 해피엔딩을 가지고 찾아뵙고 싶고 당연히 그렇게 될 것이라 생각합니다. 다시 한번 감사하고 건강하시고 행복하시길 바라겠습니다. 수업하고 계실 것 같아서 문자로 대신합니다. 더 많은 얘기는 나중에 대면으로 만나서 할 수 있길 바라며 수능 잘 보고 오겠습니다."

그해 수능이 끝나고 아이는 예상대로 해피엔딩 소식을 안고 찾아왔다. 재학생이 그 어렵다는 수능 최저를 맞춰서 의대 두 군데에 합격했다. 어느 의대를 선택할지 행복한 고민을 하고 있었다. 너무 자랑스러웠다. 마치 내가 의대에 합격한 기분이었다. 이 짜릿한 성취감에 난 15년째 명절, 휴일도 없이 밤낮으로 일을 하고 있다.

매해 어김없이 수능은 찾아온다. 1년에 한 번 이벤트 같은 날이지만 나는 다르게 느껴진다. 아이들의 고뇌와 고통을 함께 했고 그 과정 속에서 우리는 함께 성장해 왔기 때문이다. 그 결과가 명문대에 합격을 했든 하지 못했든 그건 그리 중요하지 않았다. 매년 아이들과의 헤어짐이 가슴 아리기는 하지만 사회에 나가 각자의 위치에서 자리매김할 제자들이라 믿어져서 흐뭇하다. 이런 내 일이 자랑스럽고 이런 일을 할 수 있어서 행복하다.

"올 한 해를 너희와 보내며 우리는 씨를 뿌렸고, 새싹을 틔웠고 따가운 햇볕을 받아내며 휘몰아치는 태풍을 견뎌야 하는 힘든 과정을 이겨 내고, 지금은 맛과 빛을 품은 결실을 맺을 일만 남았다. 정점에 오른 당도를 가진 과일처럼 수능 날 최상의 컨디션과 실력으로 무장하고 기적의 열매를 수확해 오길 바란다. 나의 유일한 바람은 수능 날 너희가 긴장하지 않고 아프지 말고 차분히 지금까지 쌓아온 모든 내공을 펼치는 것이다. 남은 기간 지금까지의 페이스를 유지하며 충실하게 마무리하고 수능 날 모든 힘들 끌어올려 다 풀어내렴. 후회 없이 스스로에게 떳떳하게. 나는 내가 상상하고 믿는 나의 크기만큼 자란다. 수능뿐 아니라 너희의 인생에서도 가장 크게 꿈꾸고 멀리 바라보길 바라마. 너희의 꿈이 이루어지는 그날을 응원한다. 어떤 어려움에도 굴하지 않고 버텨낸 너희가 자랑스럽다. 의심하지 말고 성큼성큼 확신에 찬 발걸음으로 네 길을 걸으렴. 이미 너희는 빛나는 사람이야. 올 한 해 함께할 수 있어서 즐겁고 고마웠다. 이제는 실제로 눈을 마주치며 보지는 못하겠지만 당찬 성인이 될 너희를 축복할게."

- 종강 편지 중

원장 그리고 가장의 왕관

책임감

"왕관을 쓰려는 자, 그 무게를 견뎌라."

영국의 대문호 셰익스피어의 역사 희곡 '헨리 4세'에 나오는 말이다. 최고 권력자의 책임과 부담을 의미하는 말로 널리 알려져 있다.

김승호 회장도 "사람의 성공 이면에는 많은 슬픔과 고생이 있다."라고 했다. 모든 최고 권력자 혹은 경영자는 순간순간 책임져야 하는 선택의 기로에서 고뇌할 수밖에 없는 존재임을 나타내는 말이다.

물론 나는 왕도 아니고 권력이 있는 것도 아니다. 그저 내 이름으로 된 학원의 원장일 뿐이다. 화려한 자리는 아니지만 부담은 왕 못지않다. '무엇을 해야만 하지만, 어느 누구도 무엇을 해야 한다고 알려주지 않는 자리', 이것이 내가 마주하는 숙명이자 업무상의 특성이다.

직원은 힘들면 사표를 내면 되지만 사장은 혼자서라도 견뎌야 한다.
연인은 기분 나쁘면 헤어지면 되지만 부부는 참고 살아야 한다.
차이는 책임감과 의무감이다.

원장으로서의 책임감, 학생을 가르치는 선생님으로서의 책임감, 리더로서의 책임감, 가장으로서의 책임감, 부모로서의 책임감, 자식으로서의 책임감. 지금 돌이켜 보면 난 언제나 책임감 속에서 살았다. 그 책임감 덕분에 지금의 자리까지 올 수 있었다고 생각한다.

학생 모두에게 정성을 다하겠다는 마음.
학부모가 준 교육비보다 더 돌려주겠다는 마음.
학부모보다 더 아이를 잘 알아야겠다는 마음.
학생들보다 내가 더 열심히 공부하겠다는 마음.
강사들보다 더 수업을 많이 하겠다는 마음.
직원들보다 더 일을 많이 하겠다는 마음.

이러한 마음가짐이 내가 생각하는 책임감이다. 책임감의 무게가 때로는 버겁게 느껴질 때도 있지만 언제나 나를 다시 일어서게 하는 원동력이었다.

수많은 경쟁 학원들 사이에서 내 가족과 나의 직원들과 나를 믿고 맡겨주신 학부모님, 학생을 지키기 위해 오늘도 난 새벽부터 출근해서 밤늦게까지 수업과 학원 일에 온 힘을 다하고 있다. 그리고 이렇게 온 힘을 다할 수 있는 일이 있어 감사하고 행복하다.

아직 배울 것도 많고 불확실한 시대에 많은 시행착오가 있겠지만 지혜로운 리더로서 그리고 깨달음을 주는 강사로서 많은 노력을 하려고 한다. 이것이 나의 책임감이 지향하는 최고의 목표다.

꿈이 생기면 공부가 즐겁다

꿈을 심어주는 원장

나는 입시교육을 하는 과학 학원 강사이자 원장이다. 학생들과의 교감을 최우선 가치로 두고 입시 지옥 속에서도 가슴에 꿈을 품고 공부를 할 수 있도록 20년 넘게 최선을 다해 살고 있다.

학령기 중 제일 힘든 학년은 고등학교 2학년이다. 고3은 고2의 연장선이라 가장 어려운 시기는 아니다. 고등학교에 입학하면 중학교 때와 너무 다른 분위기 때문에 1학년을 어영부영 보내게 된다. 그러다 갑자기 선택 과목이라는 게 생기고 이과 아이들은 과학탐구 2~3개 과목을 선택하게 된다. 그리고 별로 생각해 볼 시간도 없는 상황에서 덜컥 선택한 과목에 대해 책임을 져야 하는 입장이 된다. 과학 과목 하나도 어려운데 물리, 화학, 생명과학, 지구과학 중 선택 3과목이라니…. 모두 수능 과목이기 때문에 고1 때 배운 통합 과학에 비해 난이도가 급상승하게 된다. 양도 많고 어렵기도 하니 반에서 내신 포기, 공부 포기한 아이들이 50% 가까이 된다. 이럴 수밖에 없는 아이들이 안타깝고 애처롭다.

학교를 마치고 아이들은 꾸역꾸역 학원에 온다. 학교에서 이미 지쳤을 텐데 나는 이들에게 무엇을 해줄 수 있을까 하는 생각을 많이 했다. 성적만 잘 나오게 지식만 잘 전달하면 되는 걸까? 인터넷 강의, 유튜브, 심지어 인공지능까지 출현한 이 시기에 지식은 나보다 훨씬 잘 전달하는 매체들이 쌓여 있는데 그것은 아닌 것 같았다. 내가 할 수 있는 것은 교감이라고 생각했다. 나는 입시에 쫓기는 아이들의 입장을 충분히 이해해주고 많은 대화를 통해 조금씩이라도 그들에게 꿈을 심어주고자 했다.

매번 성적에만 관심을 가지고 공부하는 아이와 미래의 꿈을 가지고 공부하는 아이는 학업 성취도에서 크게 차이가 난다. 꿈이 있는 아이들도 있지만 꿈이 없는 아이들이 훨씬 많다. 꿈과 현실의 심한 괴리 속에 고민하는 아이들도 있다. 과학이라는 과목은 물리, 화학, 생명과학, 지구과학 네 개의 영역으로 되어 있다. 영역별로 재능을 보이거나 흥미를 갖는 아이들이 있다. 이들에게는 그 영역이 꿈이 될 수 있다. 그 영역에서 한 번이라도 성취감을 느낀다면 그들은 그 꿈을 향해 조금 더 나아갈 수 있을 것이다.

과학공부법

과학은 나선형 교육 과정으로 학년이 올라갈수록 같은 내용을 반복, 심화 학습하는 특징을 가지고 있다. 특히 고등 과학은 그냥 외우는 것은 단연코 하나도 없다. 교과서에서 다루는 모든 개념에는 원리가 있다. 학교 수업은 그 원리와 이유를 논리적으로 가르치고 있다. 아이들은 이러한 논리를 이해하고 응용해야 한다. 그리고 제한된 시간 안에 문제를 풀어내야 한다.

내신과 수능 대부분이 "보기에서 옳은 것을 있는 대로 고르시오."라는 형태의 문제이고 학생들은 이런 형태의 문제를 어려워한다. 조금이라도 정확하게 알지 못하면 틀리게 되므로 기본 개념을 확실히 학습해야 하고, 문제 풀이 후에는 채점에만 그치지 말고 모든 보기에 대한 정오 여부를 따져가며 공부하는 습관을 들이도록 노력해야 한다.

이런 과학 과목 공부에 가장 좋은 방법은 몸으로 기억하는 것이다. 수능에서 가장 타임 어택이 심한 과목도 과학이다. 30분 안에 20문제를 정확하고 빠르게 풀어내야만 한다. 그러기 위해서는 머리로 생각하고 논리를 따지고 풀어갈 시간이 없다. 문제들을 유형별로 몸으로 기억하게 만들어야 한다. 몸으로 기억한 것들은 오래 남는다. 결국 성적은 오른다. 성적이 오르면 성취감이 생기고 공부가 재미있어지기 시작한다. 그 이후에는 어려운 문제가 있어도 어떻게든 풀어내고 다시 몸으로 익히고 성적이 오르고 성취감이 생기고 공부가 재미있는 선순환에 들어가게 된다.

인생에서 잠시 우리 학원을 거치는 학생들이지만 나는 그들에게 꿈을 찾아주고 싶다. 꿈이 있어야 뭐든지 재미있고 에너지도 넘친다. AI 시대의 한가운데를 살아가야 하는 우리 학생들이 과학 분야에서 제대로 탐구할 줄 알고 미래를 이끌어가는 멋진 사회구성원이 되었으면 좋겠다. 인구가 줄어 우리나라의 경쟁력이 점점 떨어질 것이라고 예상하는 전문가들이 많다. 나는 지금의 학생들이 본인의 가치를 두세 배 높여 세계를 무대로 활발히 활동하는 꿈을 품었으면 좋겠다. 단 한 명의 학생에게라도 나의 진심이 전해지기를 바라는 마음으로 나는 오늘도 새벽부터 그들을 기다리며 수업 준비를 한다.

학부모님께

안녕하세요. 이진희 과학 전문 학원 원장 이진희입니다.

처음에 과외로 시작했던 일이 공부방으로 그리고 학원 원장이 되기까지 그리 길지 않은 시간이었습니다. 이렇게 길지 않은 시간에 성장할 수 있었던 건 저를 믿고 지지해 주셨던 많은 학부모님들 덕분이라 생각합니다. 묵묵히 그냥 제 할 일만 하면 그것으로도 충분했는데 사랑하는 마음과 감사함에 대한 표현도 서슴지 않고 보여주셨던 분들도 계시고, 대학에 진학한 이후에도 스승의날 빠지지 않고 안부 문자 해 주시는 분들, 큰아이에 이어 동생 그리고 사촌동생까지 믿고 맡겨주시는 학부모님들에게 소중하고 감사한 마음 전합니다.

월화수목금금금 사는 인생이지만 아이들과 함께 호흡하며 소통하는 시간이 행복합니다. 집에서는 철부지 아직은 아기 티를 못 벗은 모습이겠지만 공부라는, 입시라는 큰 무게를 견디기 위해 무던히도 애쓰고 있습니다. 아직 공부보다 노는 게 훨씬 재미있을 나이임에도 아이들은 자신과의 싸움에서 하루하루 견뎌내고 있습니다. 그리고 그에 대한 결과가 부모님의 기대에 못 미칠까 봐 죄스러움과 미안한 마음도 갖고 있습니다.

저는 지식만 전달하는 사람이 되고 싶진 않습니다. 지식만 생각한다면 인터넷 강의나 유튜브에 저보다 잘 가르치는 선생님들이 많은 것을 압니다. 저는 아이들과 공감대를 형성하고 소통하며 성장할 수 있도록 도움을 주는 조력자 역할을 할 것입니다.

올해에도 어김없이 수능은 돌아왔습니다. 내년에도 그리고 내후년에도 입시의 중심에서 아이들과 함께하겠습니다. 그리고 아이들의 성공적인 입시와 미래를 위해 책임감을 가지고 원장으로서 강사로서의 무게를 잘 견뎌내겠습니다. 행복한 일을 할 수 있게 해 주시는 학부모님들께 어떤 일이 있어도 감사한 마음 잊지 않겠습니다. 감사합니다.

Chapter 3
이청하 이야기

이청하 원장의 영어로 만나는
즐거운 세상 이야기

미국 연수, 마침표가 아닌 다시 시작!

후회만 남았던 나의 방황

'왜 맨날 잔소리야. 나도 생각이 있다고!'

나를 옥죄는 부모님을 벗어나고 싶었다. 부모님의 생각과 판단대로 움직이는 착한 아이가 더 이상 되기 싫었다. 온실을 벗어난 나에게 세상은 너무 흥미롭고 재미있었다. 완전히 새로운 세계였다. 잘 통하는 친구들과 돌아다니는 것이 그렇게 좋았다. 나를 위한다며 한마디씩 하는 조언들은 모두 쓰레기통에 처박고 싶었다. 도대체 나는 무엇을 위해 살았는지, 그동안 왜 이런 세상을 한 번도 경험해보지 못했는지…. 내가 바보 같았다.

그렇게 중2병이 나에게는 고1 때 와버렸다. 고등학교에 입학하며 공부도 좀 했고 목표도 뚜렷했던 나는 훨씬 매력적으로 보이는 방황을 선택한 것이다. 당연히 학교생활도 성적도 엉망이 되어 버렸다. 하지만 한 번 달리기 시작한 폭주 기관차를 멈추는 것이 쉽지 않았다. '즐기면 되는 것 아니겠어? 어떻게든 되겠지.' 하며 나를 놓아버렸다.

그러다 문득 '이것이 내가 정말 원하는 것이었을까? 이렇게 살아도 되나?' 하는 불안한 의문이 머리를 들었다. 즐겁고 슬프고 두렵고 아프고 화나는 나의 진짜 감정을 처음 대하며 어떻게 조절해야 할지 몰라 혼란스러웠다. 그러는 동안 시간은 계속 흘러 수능은 어느새 코앞에 있었다. 돌아갈 방법이 없었다. 재수는 자신 없었다. 그래도 중학교 때 공부하던 감각은 살아 있어서 마지막 피치를 올리며 간신히 점수에 맞춰 대학에 갈 수 있었다.

20대의 나에게 누군가 인생에서 가장 후회되는 때를 물으면 난 주저없이 고등학교 때라고 답했다. 대학을 결정하는 가장 중요한 시기에 감정의 소용돌이 속에서 많은 방황으로 시간을 낭비했다고 생각했다. 절대 만족스럽지 않은 대학, 채워지지 않은 내 모습이었다. 나는 원래 더 멋진 사람인데 여기밖에 못 왔다는 눌린 자존심에서 비롯된 후회와 열등감이 나를 사로잡은 시기였다.

대학에 들어가서는 공부에 대한 의지를 불태웠다. 자존심을 다시 세워야 했다. 학과 공부부터 열심히 했다. 도서관에서 대부분 시간을 보낸 덕에 첫 학기 전액 장학금을 받았다. 어느 정도 빈 마음이 채워지는 것 같았다. 계속해서 열심히 하고 싶었다. 그러다 우연찮게 교환학생을 뽑는다는 공고를 보게 되었다. 어학연수를 계획하고 있던 나는 좋은 기회라 생각했고 도전했다. 한 번 실패했기에, 방황했기에 더 열심히 할 수 있었던 것 같다. 그리고 새로 시작하고 싶었다. 마침내 나는 교환학생으로 미국 땅을 밟았다.

마침표 그리고 다시 시작

1년 동안 미국 학생들과 전공수업을 들었다. 시작부터 난관이었다. 언어가 안 되는 것은 말할 것도 없고 내가 들었던 수업 방식과는 너무도 달랐기 때문이었다.

한국 대학의 수업은 교수님의 설명을 들으면서 필기하고 외우는 그런 시스템인데 미국의 대학 수업은 교수님은 주제만 던져주고 학생들이 서로 그 주제에 대해 이야기하고 토론하면서 자신의 생각을 자유롭게 펼치는 방식이었다.

"너는 어떻게 생각하니?"

물어보는 교수님의 질문에 머리가 하얘졌다. 그저 열심히 듣고 받아적고 외웠던 나는 내 의견을 말할 수가 없었다. 머리를 한 대 맞은 것 같은 기분이었다. 그동안 나는 수동적으로 마치 숙제하듯 할 일들을 했던 것이다.

한 학기는 리포트를 제출하고, 시험을 보고, 프레젠테이션을 마지막으로 종료되었다. 너무 힘든 시간이었다. 외국인이기에 서툰 부분은 그저 나의 변명이었을 뿐 누구도 이해해주지 않았다. 어떤 문제가 나올지 가늠할 수 없었고 시험의 의도에 맞게 내가 잘 쓸 수 있을지도 자신이 없었다. 게다가 영어로 프레젠테이션이라니 첩첩산중이었다.

어찌어찌 리포트와 시험을 마치고 마지막 프레젠테이션을 준비하고 있을 때였다. 고민하고 또 고민했지만 내가 다른 외국 친구들처럼 영어로 멋지게 발표할 순 없을 것 같았다. 색다른 방법이 필요했다.

'내 방식대로 시도해보자. 다른 친구들과는 다른 걸 해보자.'

다른 친구들의 발표를 들었을 때 나는 조금 지루하다고 생각했다. 한 장의 PPT에 간단히 요약된 메모를 보며 자신의 이야기를 풀어내는데 눈에 잘 들어오지도 귀에 잘 들리지도 않았다. 나의 영어가 이 친구들에겐 더 재미없고 흥미롭지 않을 것이라는 건 뻔한 일이었다. 나는 연관된 재미있는 영상과 여러 소스들을 가지고 발표를 준비하기로 했다.

여성의 외모 비하와 관련된 시에 관한 프레젠테이션이었는데 '미녀는 괴로워'라는 한국 영화를 이용하여 쇼츠 영상을 만들어 편집하고 번역을 달았다. 어떻게 하면 느낌을 잘 전달할 수 있을지 고민을 많이 했다.

발표는 성공적이었다. 내가 원하는 의도를 잘 이해해줬고 재미있어했다. 무엇보다 더 중요한 건 준비하는 동안 내가 너무 즐거웠다는 것이다. 발표를 준비하는 과정 내내 재미있었고 결과도 만족스러웠다. '과정이 즐거우면 실력이 배가 된다.'라는 그때의 내 경험은 지금 나의 교수법의 밑거름이 되었다.

우물 안 개구리, 이 표현이 미국 연수를 통해 발견한 정확한 내 모습이었다. 나는 많이 우수한 사람도 대단한 사람도 아니었다. 겉으로 드러나는 내 모습이 중요한 것이 아니었다. 그러나 거기에만 매달려 있었다. 정말 중요한 것은 나를 정확히 아는 것이었다. 내가 바라는 모습뿐만 아니라 내가 싫어하는 모습도 나라는 것을 인정해야 한다는 것을 알게 되었다. 나를 둘러싼 알이 깨져나가는 느낌이었다. 고등학교 시절의 방황도 어쩌면 알을 깨기 위한 몸부림 아니었을까. 이제는 그 시절도 감사하다. 그 방황 덕분에 나의 폭은 더 넓어졌고 속은 더 깊어질 수 있었다. 학생을 늘 대하는 직업을 가진 사람으로서 편협한 시각에서 벗어나는 기회도 되었다.

미국 연수는 그야말로 방황에 마침표를 찍고 새로운 도전을 시작한 내
인생의 소중한 시간이었다.

도전이 무기가 되어 천직을 찾다

나만의 미션 찾기

그날도 나는 거울을 보며 웃는 얼굴로 면접 연습을 했다. '최대한 자연스럽게'를 계속 되뇌며 준비한 내용을 차례대로 외워나갔다. 곧 승무원 시험이 있기 때문이었다.

하늘을 훨훨 날고 싶었다. 나는 어릴 적부터 해방을 꿈꿨던 것 같다. 무남독녀 외동딸로 태어나 누구보다 사랑받으며 부족함 없이 컸지만 나를 가두는 보이지 않는 경계를 느끼고 있었다. 나 혼자 생각하고 결정할 기회가 없었다. 부모님께 의존하지 않고 홀로 서 보고 싶다는 생각이 늘 머릿속을 맴돌았다.

하늘을 보면 저 높이 날아다니는 새들이 보였다. 그들의 자유가 보였다. '저렇게 살아갈 수 없을까?' 나도 하늘을 날고 싶었다. 그러다 찾은 직업이 승무원이었다.

목표를 정했으니 계획을 세우고 준비를 시작했다. 책도 사보고 학원도 다녔다. 준비할 것이 많았다. 영어도 해야 했고 승무원 시험에서 가장 중요한 면접도 철저하게 대비해야 했다. 옷차림, 메이크업, 말투, 발음 등 모든 것을 승무원 시험에 맞춰 바꿔나가기 시작했다.

그러던 어느 날 내가 무엇을 하고 있나 싶은 생각이 들었다. 자유롭고 싶어서 승무원이 되려고 했는데 준비하는 과정 속에서 나를 재단하는 잣대를 점점 많이 만들고 있는 나를 발견하게 되었다.

깔끔한 제복, 유창한 외국어, 멋진 걸음걸이, 화사한 미소 내가 생각했던 승무원은 그야말로 최고의 커리어 우먼이었다. 그러나 내 마음속에서 간절히 원하고 있던 자유로운 모습은 보이지 않았다. 준비를 더 많이 할수록 오히려 꿈과는 점점 멀어지는 것 같았다. 나는 승무원이 내가 진짜 하고 싶었던 일이 아니라고 결정 내렸다. 그저 자유를 꿈꿔왔던 나의 마음속 바람이 승무원이라는 직업에 꽂힌 건 아니었을까 싶었다.

대학생 때 많은 친구들이 아르바이트를 해서 돈을 벌고 하는 모습이

난 부러웠다. 부모님이 세상이 험해서 무슨 일이 일어날지 모른다는 이유로 늘 반대하는 바람에 아르바이트는 나와 거리가 먼 일이었기 때문이었다. 유일하게 허용된 게 과외나 학원 강사 아르바이트였다. 지금 돌이켜보면 나의 학원 인생은 여기에서 시작된 것이었다. 학원 아르바이트는 재미도 있고 수입도 괜찮았다. 그리고 내가 그 일을 좋아한다는 생각도 들었다.

졸업을 6개월 정도 앞둔 시점에 나는 방과 후 교사에 지원을 했다. 졸업 전에 취업을 하고 싶었던 내가 생각해낸 가장 가능성 있는 계획이었다. 이왕이면 잘하는 일을 하고 싶었던 것이다. 이미 학원 아르바이트로 아이들을 가르친 경력이 3년 정도 되던 나에게 방과 후 교사는 좋은 자리였다. 아이들을 가르치는 일은 즐거웠고 보람도 있었다. 성장하는 모습을 볼 때마다 뿌듯하고 어깨가 으쓱했다.

하지만 부모님은 늘 생존을 불안해해야 하는 계약직보다 안정적인 직장을 원하셨다. 나 역시 직장인이라는 타이틀이 나쁘지 않아 보였다. 그래서 은행에 지원을 했다. 승무원을 준비하면서 공부했던 영어와 면접 준비가 많은 도움이 되었던 것 같다. 그렇게 나는 은행원이 되었다.

은행원의 생활은 내가 생각했던 모습과는 사뭇 달랐다. 은행은 아침 9시에 오픈해서 4시에 끝나는 꿈의 직장이라 생각했었다. 하지만 현실은

7시 30분쯤 출근하고 오픈해서 종일 고객들과 씨름하고 4시에 문이 닫히면 그때부터 진짜 은행원의 일들을 다시 시작하는 것이었다. 은행 일이 즐겁지 않은 건 아니었다. 적성에도 맞았다. 하지만 내가 원했던 삶은 역시 아닌 것 같았다. 나는 조금 더 효율적인 삶, 압축적인 삶을 원했다. 좀 더 자유로운 직업을 원했던 것 같다. 그리고 시간 대비 연봉이 내가 생각하는 기준과는 거리가 멀었다. 1년 만에 은행을 그만두었다.

일은 저질렀지만 계획은 없었다. 내가 하고 싶은 건 어떤 일일까? 그때 나를 들여다보는 시간을 많이 가졌다. 내가 어떤 사람인지, 무엇을 할 때 즐거워하는지, 어떤 일을 해야 잘할 수 있는 사람인지를 나에게 묻고 또 물었다. 가장 나다운 커리어를 쌓고 싶었다.

그렇게 해서 결론을 내린 게 아이들을 가르치는 일이었다. 시간적으로도 직장인보다는 여유로웠고 내가 일한 만큼 돈을 벌 수 있고 무엇보다도 아이들에게서 받는 에너지가 나한텐 소중하고 즐거웠다. 또 직장에서처럼 윗사람에게 시달릴 일도 없었다.

'우연한 기회로 시작한 일이지만 이제 업으로 생각하고 나만의 능력을 키워가야겠다!'

이렇게 결정하자 나는 바빠졌다. 내 일을 전문적으로 하기 위해 조금 더 성장해야겠다는 생각이 들었고 우선 TESOL을 신청했다. 3개월간 수업을 듣고 과제를 수행하고 교수법을 배우면서 앞으로 펼쳐질 나의 모습을 조금씩 완성해갔다. 점점 설렜다. 승무원 준비할 때와는 달랐다. 진짜 나의 일을 찾은 것 같았다.

그러고는 나에게 맞는 수업 대상을 찾기 위해 유치원 파견교사부터 고등부 입시반까지 다양한 경력을 쌓아갔다. 새로운 반을 맡을 때마다 새로 시작하는 기분이었지만 잘 맞는 옷을 입은 것처럼 나는 편안했고 즐거웠다. 더 노력하게 되었고 더 창조적이 되어갔다. 세상에 정말 많은 직업이 있지만 날마다 나를 가슴 뛰게 하는 일을 할 때 가장 행복한 것 아닐까.

나는 이제 영어 학원을 운영하고 있다. 나의 학원에 오는 학생들에게 나는 고통스러운 영어를 알려주고 싶지 않다. 그들과 마음을 주고받으며 즐거운 영어를 하고 싶다. 영어로 열릴 놀라운 세계를 통해 내가 늘 꿈꿔왔던 자유로운 행복을 그들에게도 알려주고 싶다. 그래서 학생들도 자기에게 딱 맞는 미래의 모습을 그려보며 그것을 찾아 재미있게 살아가는 것, 이것이 나의 새로운 꿈이다.

만만한 영어, 즐거운 영어를 위하여

새로운 꿈을 꾸다

"아는 사람이 영광에서 수학 공부방을 하는데 영어 선생님을 찾나 봐. 혹시
해 볼 생각 있어?"

낮에는 학교에서 방과 후 강사로, 저녁에는 중·고등 입시 강사로 바
쁜 하루하루를 보내던 중 같이 일하는 친구가 물었다.

일을 이미 최대치로 하고 있었기 때문에 사실 고민할 게 아니었는데
이상하리만큼 끌렸다. 며칠이 지나고 나는 수학 공부방 선생님을 만나게
됐다. 수학 과목 수강을 하는 학부모님들이 영어에 대한 문의를 많이 하
셔서 선생님을 찾고 있다고 하셨다. 시골이지만 그곳에 한국수력원자력
이 있고 그곳에 근무하는 학부모들이 많아 초등학생 때부터 어학연수를

보내고 방학에는 서울로 기숙학교를 보낼 만큼 학구열이 높은 동네라고 하셨다. 이런저런 이야기를 나누고 나는 선뜻 영어 교사를 하겠다고 대답했다. 지금 생각해도 왜 끌렸는지, 왜 하겠다고 했는지 이해가 되지 않는다. 운명의 끌림이 이런 걸까 싶었을 뿐이다.

그때부터 나는 방과 후 수업이 끝나고 한 시간 차를 타고 광주에서 영광까지 매일 수업을 하러 다니기 시작했다. 새롭게 커리큘럼도 짜고 가르치는 아이들이 한 명 두 명… 늘어나는 것을 보니 즐거웠다. 그러다 학생들의 자유학기제 때 토익시험 대비 수업을 하면 좋겠다는 생각이 들었다. 학부모와 수학 선생님의 요청도 있었고 해보고도 싶었다. 사실 토익시험을 보긴 했지만 가르친 적은 없었다. 그래서 긴장이 많이 되어 수업 준비를 철저히 했다. 아직 어린 아이들이 토익에 나오는 여러 어휘들과 문장을 이해할 수 있을까 하는 우려도 있었다. 하지만 결과는 성공적이었다. 아니 대성공이었다.

중1 아이들의 첫 토익시험 점수가 700점을 넘기면서 좁은 동네에 입소문이 났다. 나는 하루아침에 유명 강사가 되었다. 순식간에 아이들이 몰려들었다. 나는 새로운 반을 만드느라 정신이 없었다. 더 이상 학생들을 받을 수 없는 지경이 되자 아이들은 내 수업을 듣기 위해 한 과정이 끝날 때까지 대기해야 했다.

나는 내가 남들보다 뛰어나게 잘 가르친다고 생각한 적은 없다. 재미있게 수업을 하고자 했을 뿐이다. 어렵게 여겨지는 영어를 만만하게 느껴지도록 해주고 싶었다. 또 영어라는 언어를 함으로써 또 다른 세계와 연결되는 즐거움을 맛보게 해주려고 했다. 지식만 가르치지 않고 생활에서 접할 수 있도록 하기 위해 많은 이야기를 했고 여러 가지를 함께 했다. 그렇게 작은 공부방에서 아이들과 부대끼며 가끔은 못하는 요리지만 간단하게 떡볶이도 만들어 주고 아이들 고민 이야기도 들어주면서 함께 했던 그때는 나에게도 행복한 시간이었다.

덕분에 아이들과 잘 통했고 그들의 마음을 이해했던 것 같다. 아주 작은 즐거움이 아이들에게는 동기부여가 되어서 선생님의 말에 더 집중할 수 있었던 건 아닐까? 지금도 그때의 아이들에게 연락이 오면 나의 맛없었지만 기억에 남았던 떡볶이 이야기를 하곤 한다.

영어와 수학이 대박이 나면서 학부모님들의 관심도 늘었지만 동네 학원들의 시기 질투도 덩달아 늘었다. 조그마한 시골 동네에 작은 공부방에 대한 관심도는 민원으로 이어졌고 학파라치들이 사진을 찍고 신고를 하는 말도 안 되는 일이 벌어지기도 했다.

공부방은 법적으로 원래 한 명의 선생님만이 수업을 할 수 있는 곳이었다. 과목 수는 제한이 없지만 선생님 인원에는 제한이 있었다. 그래서 선생님 한 명이 전과목을 가르치는 것은 문제되지 않았다. 그런데 한 곳에서 두 명의 선생님이 수업을 하면 안 되는 것이었다. 그런 법이 있다는 걸 그때 처음 알았다. 사람들은 그것을 빌미로 신고를 한 것이다.

수업을 하고 있는데 신고를 받은 단속 공무원이 갑자기 들이닥쳤다. 깜짝 놀라 어쩔 줄을 몰라 하고 있는데 그 공무원이 잘못되면 강사 자격 정지가 될 수도 있다고 했다. 머리가 아득해지면서 아무 생각이 나지 않았다. 이제 나에게 맞는 일을 찾았다고 생각했는데 강사를 할 수 없다니, 그보다 무서운 말은 없었다. 무릎이라도 꿇으면 될까 싶어 무릎 꿇고 빌기도 했다. 그러나 그렇게 넘어갈 일이 아니었다. 담당자는 신고받은 내용을 확인한 이상 처리를 해야 했고 다른 방법은 없었다. 결국 수학 선생님은 공부방을 폐업하기로 결정했다.

낙심한 가운데 며칠 넋을 놓고 있는데 우리를 믿고 온 많은 학생을 그냥 포기할 수는 없다는 생각이 들었다. 수학 선생님은 깊은 고민 끝에 학원을 열자고 하셨다. 수학 선생님이 원장을 하고, 나는 부원장을 맡아 학원을 운영해 보자는 것이었다. 위험 부담이 있지만 기존 학생들이 있으니 시작은 할 수 있을 것 같았다. 또 한 번 가슴이 짜르르한 흥분이 나를 감쌌다.

학원으로 다시 개원하면서 더 많은 아이들이 들어왔고 10년간 그곳에서 아이들을 가르쳤다. 작은 공부방으로 시작했던 학원이 이제 2호점, 3호점까지 확장되었다. 나는 학원에 경제적인 지분은 없었지만 처음을 함께한 학원이 커가는 모습을 보면서 나도 새로운 꿈을 갖게 되었다. 때가되었을 때 나도 나만의 학원을 만들어 보겠다는 꿈이었다.

영어 근육 키우기

영어도 훈련이다

영어 학원 부원장 자리로부터 시작된 나만의 영어 학원을 차리는 꿈은 공부방을 차리는 것으로 연결되었다. 작은 공부방이었지만 내 첫 사업이었기 때문에 신중하고 진지하게 장기적인 계획까지 세웠다.

콘셉트는 〈원서+소리 영어〉였다. 자동차는 가고 서는 것이 잘 되는 것이 기본이다. 영어는 듣고 말하기가 기본이다. 의사소통이 주목적이기 때문이다. 듣기와 말하기를 잘하려면 어떻게 하면 될까. 많이 듣고 많이 말하는 것이 가장 좋은 방법이다.

2022 항저우 아시안게임 배드민턴 경기에서 한국의 안세영 선수가 금

메달을 땄다. 당시 세계 랭킹 1위였으나 원래 정복하는 것보다 지키는 게 더 어렵다. 강적이 많았다. 무릎 부상도 심한 상태였다. 그러나 안 선수는 모든 상황을 극복하고 시상대 맨 윗자리를 차지했다. 끊임없는 훈련이 아니고서는 오를 수 없는 자리일 것이다.

한 여자 농구팀의 비시즌 때 훈련 모습을 본 적이 있다. 길고 긴 시즌을 대비해서 가장 중점적으로 하는 것이 체력 훈련이었다. 서킷 트레이닝이라고 해서 여러 운동을 쉴 틈 없이 계속해서 돌아가며 하는 훈련이었다. 개인의 능력을 극한으로 끌어내는 훈련이라고 한다. 선수들은 훈련하는 동안에는 죽을 맛이지만 시즌이 시작되면 대번에 성과가 나타나니 그것을 기대하면서 한다. 이런 운동의 핵심은 반복이다. **반복은 근육을 강화시키고 몸을 최적화시킨다.** 점점 발전해가는 몸을 보게 된다.

영어도 훈련이다. 그래서 반복이 필요하다. 구체적으로는 듣기와 말하기의 반복이다. 내가 중점을 둔 것은 들리는 대로 말하는 것이었다. 내가 아는 말은 들린다. 하지만 모르는 말은 들리지 않는다. 나는 무슨 말인지 몰라도 그대로 따라 하는 연습을 시켰다. 즉 소리의 반복이다. 계속해서 듣고 말하기를 훈련하다 보면 듣기 근육과 말하기 근육이 발달한다. 내가 할 일은 이 과정이 지루하고 답답하지 않도록 재미있게 진행하는 것이었다.

영어에는 또 하나의 근육이 있다. 바로 읽기다. 자기의 수준에 맞는 원서를 가지고 계속해서 읽기를 반복하면 자기도 모르는 사이에 문장 구성이 익혀진다. 우리가 따로 우리 말에 대한 문법을 배우지 않아도 반복하는 문장 속에서 문법을 스스로 발견하는 것과 같은 원리다. 문장에서 특정한 패턴을 반복하고 연습하면 영어는 저절로 된다.

나는 단단히 준비를 하고 공부방을 열었다. 가장 먼저 학부모 설명회를 했다. 학부모님들에게 영어의 트렌드와 미래 학습 방향을 제시했다. 감사하게도 설명회에 오신 분들은 모두 등록까지 이어졌다.

그런데 바로 코로나 사태로 이어져 운영이 어려웠다. 나는 마음이 불안할수록 자기계발에 시간을 쏟아붓기로 했다. 즐거운 영어 학습법에 대해 시간을 들여 연구했다. 서울, 부산 등 전국에서 열리는 세미나에 참석하며 수업의 질을 높이기 위한 정보를 얻느라 발 벗고 뛰어다녔다. 월요일부터 금요일까지는 수업 때문에 바빴고 주말에는 세미나로 정신이 없었다.

몸이 힘들긴 했지만 노력하고 발전하는 내 모습에 만족감을 느꼈다. 나도 가르치는 근육이 발달하기 시작한 것이다. 불안 속에서 내가 나를 지킬 수 있는 힘은 끊임없는 도전이었다.

영어는 말을 많이 할수록 잘한다

"나는 영어를 정말 못해요. 그래서 영어가 싫어요."

아이들이 학원에 오면 이런 이야기를 많이 한다. 영어는 자기가 절대 할 수 없는 공부라고 생각하기도 하고 영어만큼 어려운 과목이 없다고도 한다. 친구들 앞에서 발표하는 건 정말 싫어했다. 혹시라도 틀리면 창피하고 다른 친구들이 놀릴까 봐 말로 뱉는 것을 두려워했다. 이런 아이들에게는 영어를 가르치기 전에 자신감을 넣어주는 게 필요하다. 정말 잘하고 있다고 틀려도 괜찮다고 끊임없이 이야기해 줘야 했다. 그래야 듣기 근육, 말하기 근육이 발달한다.

영어를 못하고 싶은 사람은 아무도 없다. 칭찬을 싫어하는 사람도 없다. 영어 근육 키우기에서 이게 가장 중요한 포인트이다. 본인이 잘하는 것은 누구든 뽐내고 싶고 칭찬받고 싶어 한다. 나는 아주 사소한 것이라도 아이들에게 관심을 갖고 표현하며 칭찬해주기 시작했다. 사실 잘 못하더라도 자신감이라는 옷을 입으면 아이들은 영어를 말하는데 두려움이 없어지고 조금 틀렸다고 위축되지 않는다. 모든 과목이 그렇겠지만 특히 영어라는 과목은 잘해야 말하고 싶어지고 실력도 늘게 된다. 나는 아이들이 말할 수 있도록 자꾸 기회를 만들어 나갔다. 그런 노력은 '어느 순간 자연스럽게 말하고 있는 자신을 발견하는 아이들'이라는 성과로 돌아왔다.

인생이 롤러코스터 같을지라도

인생에서 가장 소중한 것

"임신 축하드립니다."

공부방과 영광 학원 수업을 병행하며 안도하는 삶을 살고 있던 중 갑
자기 아이가 생겼다. 10년 연애의 종지부를 찍고 3년간의 결혼생활 동안
은근히 기다렸지만 소식이 없어 포기하던 참이었는데 이렇게 갑자기 생
길 거라곤 상상도 못 했다. 믿을 수 없어서 임신 테스트를 몇 번이나 했
는지 모른다. 그렇게 아이가 선물처럼 찾아왔다.

하지만 임신과 출산으로 갑자기 수업을 중단할 수 없는 상황이라 앞으
로의 계획을 세워야만 했다. 우선 영광 수업은 정리하기로 했다. 공부방

을 운영하면서 학원 수업을 위해 영광까지 매일 2시간을 왕복하는 것은 무리였다. 두 곳 다 집중할 수 없다면 한 곳을 정리하는 것이 옳다는 판단으로 10년간의 영광 학원 수업을 마무리했다.

출산예정일 일주일 전까지 공부방 수업을 계속했다. 다행히 입덧도 없었고 큰 문제 없이 건강하게 아이를 출산하고 3주 만에 수업에 다시 복귀했다. 내가 수업하고 있는 동안 아기는 좁은 방에서 수업이 끝날 때까지 기다려야 했다. 누워만 있던 때지만 아이는 답답해했다. 수업 중에 아이 우는 소리가 들리면 애들이 수업에 집중하지 못할까 노심초사했다. 혼자 모든 것을 해야 하는 공부방의 한계가 느껴졌다. 이렇게는 안 되겠다는 생각이 들었다.

'차라리 학원을 오픈하자!'

혼자 하는 공부방보다 나 말고 다른 선생님이 있는 학원 시스템이 더 좋겠다는 생각이 들었다. 수업도 나누어 하게 될 테니 아이에게도, 수업에도 더 집중할 수 있겠다는 생각이었다. 출산 한 달 만에 나는 상가를 찾아다녔다. 근처 상가들은 너무 작았다. 9평, 10평 정도의 공간이어서 교습소로만 가능했다. 차로 5분 정도 거리의 다른 아파트에서도 수업을 오는 친구들이 있었기에 그쪽 상가도 알아보았다. 빈 곳이 없었다. 비어 있는 곳은 터무니없이 세가 비쌌다.

'접어야 하나, 아니면 집 바로 옆에 상가를 하나 구해서 공부방 용도로 사용할까.' 다시 고민에 빠졌다. 하지만 아이를 키우면서 일하다 보면 아이가 아프거나 해서 갑작스럽게 나가지 못하는 경우가 많이 생길 것이기에 가능하면 학원을 열고 싶었다. 그때 마침 마트 2층에 자리가 있다고 연락이 왔다. 실평수가 70평 정도로 꽤 컸다. 마음에 들었다. 이런 곳은 바로 계약이 될 것 같았다. 놓치면 안 된다는 마음으로 나는 그 자리에서 계약을 했다. 그러고 돌아왔는데 덜컥 두려운 마음이 들었다.

'잘할 수 있을까? 망하면 어떻게 하지? 너무 성급했나?'

학원 걱정에 잠들지 못하는 내가 걱정되었는지 남편이 그랬다.

'당신은 충분히 잘할 수 있어. 걱정 마. 내가 더 벌어올게. 부담 갖지 말고 시작해.'

든든한 남편의 말을 들으니 다시 용기가 났다. 이제 막 태어난 딸도 나에게 큰 힘이 되었다.

학원 오픈에 맞춰 설명회를 준비하고 주변 아파트에 홍보하고 블로그를 쓰고 이벤트를 기획하는 등 정신없는 날들의 연속이었다. 이전하기 전까지는 집에서 공부방을 그대로 운영했기 때문에 아이는 친정엄마가 돌봐주셨다. 그러던 중 아빠가 음식을 잘 못 드시고 몸이 좋지 않다는 말을 엄마를 통해 들었다.

"병원에 가셔야지."

바빠서 대수롭지 않게 생각하고 대답했다. 엄마는 가기 싫어하는 아빠를 모시고 병원에 갔는데 큰 병원으로 가서 검사를 하라고 했다고 한다. 그때까지도 난 아빠가 괜찮을 거라고 생각했다.

'많이 야위시긴 했지만 괜찮을 거야. 별일 아닐 거야.'

아빠 병원 가시는 날이 우리 딸의 백일이었다.

"동글아, 동글아~."

좀처럼 웃지 않는 아이가 자기를 부르는 할아버지를 향해 환하게 웃었다. 그리고 아빠는 바로 병원에 가셨다.

여러 검사를 받으면서 아빠는 더욱 지쳐가셨다. 결국 병원에서는 가망이 없다는 결론을 내놓았다. 아빠는 이미 삶을 포기한 듯 식음을 전폐하셨다. 병원에 있고 싶지 않다고 집에 계셨는데 상태는 더 나빠졌다. 기력이 없어 사람을 알아보는 것조차 힘들어 보였다. 그럼에도 나를 보면서 "괜찮아. 아빠 괜찮으니까 걱정 마." 하시는 그 모습이 아직도 선하다. 그러는 동안 남편도 검진을 받게 되었다. 엎친 데 덮친 격이란 말을 이럴 때 쓰는 것 같다. 신장에서 크기와 위치가 좋지 않은 종양이 발견된 것이다. 하늘이 원망스럽고 암담했다.

아빠는 오래 버티지 못하시고 병원 진료를 보신 지 20여 일 만에 돌아가셨다. 내가 학원을 오픈한 지 일주일 만의 일이었다. 나의 개인사이기도 했고 오픈하자마자 학원을 쉴 수가 없어 학부모님들께 알리지 않았다. 다행히 목요일, 금요일은 내가 수업에 들어가지 않아도 되는 날이라 선생님들께 수업을 맡기고 나는 장례식장에서 상주 자리를 지켰다.

남편은 바로 다음 월요일에 대학병원 진료를 앞두고 있었기에 이 모든 게 아빠의 배려 같았고 지켜주실 것만 같았다. 검사를 한 병원에서는 종양이 췌장과 너무 붙어 있어 위치가 좋지 않고 크기도 커서 전이될 확률이 70퍼센트 이상이라고 했다. 췌장에 전이가 됐다면 가망이 없다고 이야기했다.

서울의 다른 병원으로 가서 다시 검사해 보기로 했다. 아직 젊고 아무런 증상도 없었기에 지방보다 시설과 의료 기술이 더 나은 곳에서 검사하면 다른 결과가 나올 수 있지 않을까 하는 기대 때문이었다. 다행히 그곳에서의 검사 결과는 희망적이었다. 정확한 건 수술해야 알겠지만 수술로 제거가 가능할 것 같다 했다. 그렇게 수술 날짜를 잡고 기다리는데 그 시간이 내 인생에서 가장 길게 느껴졌다. 매일 아빠한테 기도했다. 도와달라고. 이제 아빠도 없는데 남편도 없으면 엄마랑 나는 누가 지켜주냐고. 그리고 굳건히 믿었다. 다 괜찮아질 거라고.

학원 일이 손에 잡히지 않았지만 그저 몰두했다. 적어도 일을 하는 동안은 이 모든 상황을 잊을 수 있었다. 눈물 한 방울, 슬픈 내색조차 하지 않았다. 혹시 경과가 좋지 않아 병이 길어지면 내가 가족을 지켜야 하고 돈을 벌어야 하니 우는 데 시간을 허비할 순 없었다. 날마다 나를 다졌다. 최악의 상황까지 생각할 수밖에 없었다.

드디어 수술 날이 되었다. 하지만 나는 남편 곁에 있지 못했다. 학원에서 수업을 해야 해서 그저 초조한 마음으로 수술 결과를 기다렸다. 학원 수업이 끝나는 저녁에 수술이 끝났다. 종양이 10센티미터가량의 크기여서 한쪽 신장을 뗄 수밖에 없었지만 다행히 전이가 없어 항암 치료는 안 해도 되고 먹는 것만 조절하면 된다고 연락이 왔다. 괜찮을 거라는 말을 듣자마자 눈물이 쏟아졌다. 다행이라고 정말 다행이라고, 감사하다고 너무 감사하다고 하늘에 절이라도 올리고 싶었다.

"This part of my life… This little part… is called… Happiness."

"내 인생에서 이 순간의 제목, 이 짧은 순간의 제목은 행복입니다."

윌 스미스가 친아들과 함께 주연한 영화 〈행복을 찾아서〉의 마지막 부분 대사이다. 사기당하고 이혼당한 못난 아빠 윌 스미스는 끊임없이 행복을 찾아가지만 정말 하는 일마다 안 되고 오히려 불행만 겹쳐 오는 인생을 산다. 하지만 결국 모든 것을 극복해내고 아들과의 행복한 순간을 맞이하는 내용이다.

불행했지만 삶의 의미인 아들과 행복을 찾아 날마다 죽을힘으로 살아가는 아빠. 결국 행복은 소중한 아들과 함께한 모든 순간 아니었을까. 이 영화는 내 인생에서 가장 중요한 것이 무엇인지를 묻는 것 같았다.

아이의 출산, 아빠의 죽음, 남편의 큰 수술. 거대한 일들이 한꺼번에 휘몰아쳤다가 한꺼번에 사라졌다. 파도 같은 일들이 물러가고 나니 내 인생에서 진짜 소중한 것이 드러났다. 우선 일이었다. 정신없는 하루하루였지만 나는 내가 좋아하는 일이 있었기에 최악의 상황에서도 버틸 수 있었다. 일은 잠시나마 힘든 마음을 잊을 수 있는 쉼이 되기도 했다. 그렇기에 더 소중했다. 그리고 가족이었다. 남편과 아이가 나를 지탱해주었다. 그들을 위해 살아야 한다고 생각하니 못 할 것이 없었다.

모든 것이 잘 되기를 바라며 살았다. 그러나 이번 일들을 통해 결코 그렇게 되지 않을 것이라는 걸 알게 되었다. '새옹지마' 고사에 나오는 노인처럼 일희일비하지 않고 현명하게 인생을 마주하는 방법을 조금 배운 것 같다. 그리고 내가 겪는 모든 순간이 가장 최고의 순간이고 가장 행복한 순간이라는 것을 알게 되었다. 내 소중한 가족과 함께 소중한 일을 하는 이 순간이 나에게는 최고로 행복한 순간이다.

앞으로도 롤러코스터 같은 일은 분명히 계속 있을 테지만 마음은 고요한 호수같이 중심을 잡아나가기를 바란다. 오늘도 나는 불필요한 인생의 군더더기를 버리고 가장 소중한 가족과 일을 위해 열정을 가지고 최선을 다한다.

또 한 번의 리스타트, 책 쓰기

나를 돌아보고 평가하기

어학원을 오픈한 지 1년이 조금 넘으니 학원은 내가 없어도 수업이 무리 없이 진행될 만큼 자리를 잡았다. 내 역할은 티칭에서 관리로 바뀌었고 선생님들을 믿고 우리 아이들이 즐겁게 수업에 임할 수 있게 옆에서 지원하고 있다. 계획대로라면 지금쯤은 편안하고 행복할 때이다. 그러나 여전히 불안했다.

15년을 아이들을 가르치는 데 열정을 쏟으며 살아왔다. 학원을 오픈하고 나서는 안정되도록 매달리느라 정말 쉼 없이 달려왔다. 그리고 어느 정도 궤도에도 올랐다. 내 열정과 꿈이 합쳐진 이곳 학원에서 이제는 행복해야 할 때가 아닐까.

'뭘 더해야 할까?'

'행복하지도 않고 계속 불안한 이유는 뭘까?'

'너무 달려서 이런 건가? 쉴 때가 되었나?'

갖가지 생각이 마음을 흔들었다. 차분히 나를 돌아보고 싶었다. 번아웃이 아닐까 생각이 들기도 했다. 어쨌든 계속 머물러 있을 상황은 아니었다. 벗어나야 했다. 늘상 똑같은 일임에도 편하지 않았다. 아이들의 교육에 대해 더 고민하게 되었고 커져가는 책임감이 생겨 한없이 두렵기도 했다. 여전히 나에게 운영은 어렵고, 매번 롤러코스터 타는 것 같은 일들은 벌어진다. 새로운 뭔가를 하려 해도 의욕이 생기지 않았다. 오늘도 무사히 지나기를 바랄 뿐이었다.

심리학자 김경일 교수는 내 노력에 대한 피드백을 얻지 못할 때 번아웃이 올 수 있다는 말을 했다. 과연 그럴까. 내 일에 대한 피드백을 나는 받지 못하고 있는 것일까? 정말 그랬다. 내가 시작한 사업이고 내가 원장인 학원이었다. 누가 나에게 '잘하고 있다, 조금 더 가면 된다'라는 말을 해주지 않았다. 그저 내 계획과 목표에 따라 여기까지 온 것이었다.

정말이지 누군가로부터 내가 잘하고 있는 건지 한마디 피드백을 듣고 싶어졌다. 나를 점검하고 싶었다. 내가 잘하고 있는지, 처음 생각했던 열정을 유지하고 있는지, 아이들을 아직도 아끼고 그들의 성장이 즐거운지 알고 싶었다. 만약 피드백을 해줄 누군가가 없다면 나 스스로 해보는 것도 좋은 방법 아닐까 싶었다. 그래서 책을 쓰기 시작했다.

학원은 내가 정말 하고 싶은 일이었을까. 내가 정말 잘할 수 있는 일이었을까. 혼자만의 시간을 갖고 싶었다. 아이들과 강사들과 일에 둘러싸여 있었는데 나 혼자만의 시간이 필요했다.

책을 쓰면서 생각해보니 이제 다음 단계가 필요한 듯한 느낌이 들었다. 나는 인생의 로드맵을 정해 놓지 않고 학원을 개원했다. 잘 운영하고 돈을 많이 벌면 된다는 계획만 세웠다는 걸 알게 되었다. 말하자면 다음 단계가 없었다. 좀 더 치밀하고 세부적인 로드맵이 있어야 했다. 그러면 나는 늘 새로 시작할 수 있고, 늘 나를 점검할 수 있고, 늘 의욕적으로 도전할 수 있을 것이었다. 문제가 닥쳐서 해결하기 위해 하는 것이 아니라 내가 개척해나가면서 도전하는 것이었다.

나이별로 혹은 학원의 연차별로 구체적인 계획을 하기 시작했다. 차근차근 생각하며 노후까지 계획해 나갔다. 물론 계획대로 될 것이라는 생각은 하지 않는다. 언제든 변할 수 있다. 하지만 인생에 내비게이션이 있는 것과 무작정 가는 것과는 엄청난 차이가 있지 않겠는가.

"행복을 추구하는 것보다는 무엇인가를 추구할 때 오는 행복에 더 관심을 가져야 합니다."

영화 〈꾸뻬 씨의 행복 여행〉에 나오는 대사이다.

결과만 가지고는 제대로 평가할 수는 없다. 계속해서 노력할 의욕을 허락하지 않는다. 과정마다 내가 힘을 낼 이유가 있어야 했다. 지금까지 살아오면서 행복했던 순간은 모두 최종적인 목표를 이루었을 때가 아니었다. 열심히 해나가는 과정에서 행복했었다. 꾸뻬 씨의 말은 맞았다.

공부도 마찬가지다. 내가 20대까지만 해도 영어 점수가 높으면 영어를 잘한다고 했고 시험점수가 잘 나오면 잘 가르치는 학원이었다. 하지만 세상은 변했다. 이제 영어는 학습 과목의 의미보다 의사소통 수단으로서의 중요성이 커졌다. 소통하면서 행복을 느끼는 것이야말로 영어를 하는 참의미인 것이다.

여러 의미에서 책 쓰기는 탁월한 선택이었다. 방황했던 나의 학창 시절부터 우여곡절 많았던 학원 이야기까지 모든 순간들을 다시 되짚어 보며 나를 돌아보는 기회가 되었다. 제2의 인생이라고도 할 수 있는 마흔, 나는 멋지게 시작할 것이라고 확신한다.

이청하 원장이 알려주는
더 넓은 세계와 만나는 사교육의 가치

영어로 세상과 소통하기

올바른 영어교육을 위해서는 우리나라의 영어환경이 어떤지 생각해 볼 필요가 있다.

ESL과 EFL의 차이

ESL(English as a Second Language) : 제2 언어로서의 언어, 즉 모국어와 영어가 공용어로 쓰이는 것을 말한다.

EFL(English as a Foreign Language) : 외국어로서의 언어, 쉽게 말하자면 일반적으로 영어를 사용하지 않은 나라에서 영어를 배우는 것을 말한다.

우리나라는 일상에서 영어에 노출되지 못하고 학교와 학원에서만 공부하게 되는 EFL 환경이다. 그런데 지금까지 우리는 EFL의 환경에서 ESL의 교수법을 고집해 왔다. 모국어 습득 방식이란 말을 들어봤을 것이다. 영어에 자연스럽게 노출되고 많이 듣고 원어민과 많이 이야기하다 보면 영어가 자연스럽게 발화된다는 이야기다. 하지만 현실도 그럴까?

영어 유치원 3~4년 동안 원어민과 많은 시간을 보내면서 발화가 자연스럽게 되었더라도 초등학생이 되어서 그런 환경을 지속적으로 만들 수 없다면 실패할 수밖에 없다.

그렇다면 EFL 환경에서 우리 아이들에게 가장 적합한 영어교육은 무엇일까?

첫 번째, 아이들이 주인공이 되어 많은 스피킹 훈련이 필요하다. 수업 시간에 아이들이 주체가 되어 200번 이상의 발화를 선생님이 아닌 아이들이 할 수 있어야 한다.

두 번째, 몰입 학습 환경이 필요하다. 수업 과정에서 듣고 보고 읽고 말하고 게임으로 다시 익히고 문제를 풀면서 익히고 숙제로 다시 한번 익히는 다양한 자극을 통해 능동적으로 수업에 집중하고 몰입할 수 있는 환경이 되어야 한다.

세 번째, 반복을 통해 누적 학습이 극대화되어야 한다. EFL 환경에서 영어 학습은 제한된 노출 시간 동안 많은 반복을 통해 최대의 영어 사용을 이끌어내야 한다.

얼마 전만 해도 유학을 가게 되었거나 사회생활을 본격적으로 하기 전에는 영어가 크게 필요하지 않았다. 이제는 아니다. 어디서든 세계인과 소통할 수 있고 대화해야 하는 상황이 벌어진다.

SNS의 발달은 세계의 거리를 점점 없애고 있다. 전 세계 인구 중 35%는 영어를 사용한다. SNS의 주 언어도 영어다. 외국인 팔로워에게 영어 한마디 할 수 없다면 AI 시대에서 우리의 자리를 찾기 어려울 수도 있다.

영어는 이제 사회에 진출해서 보여주기만 하는 스펙이 아니다. 어린 시절부터 실생활에 밀착해서 자연스럽게 해야 하는 생존 조건이 되어 있는지도 모른다.

영어는 소통을 하는 게 가장 큰 목적이다. 우리는 외국어로서 영어를 배우다 보니 노출도 적고 사용도 적을 수밖에 없다. 미래를 내다보면 이런 환경적인 부분을 극복해야 한다. 그러기 위해 많은 스피킹 훈련과 다양한 몰입 학습 환경, 반복적인 누적 학습이 필요한 것이다.

이런 교육은 학교보다는 학원에서 하는 게 유리할 수 있다. 소수의 학생만을 대상으로 몰입 수업이 가능하고 현재 상태를 정확하게 체크할 수 있기 때문이다.

  이미 넓어진 세상에서 하고 싶은 일을 마음껏 펼치려면 자연스럽게 영어를 구사하는 게 필수인 세상이 되었다. 거기에 크게 기여하는 것이 학원 영어 교육의 진짜 의미라고 할 수 있다.

Chapter 4
홍창숙 이야기

상위 1%로 가는 홍창숙 원장의
독서토론논술 수업

내 삶의 주인공이 되어서야 비로소 행복해졌다

주도적인 사람이 행복하다

"여보세요, ○○이 엄마입니다. 오늘 우리 애가 아파서 회사에 출근 못 할
것 같아요."

부모가 다 큰 성인 자녀의 출근 못 한다는 전화를 대신 해주는 통화 내
용이다. 통화 말고도 많은 일을 부모가 대신해준다는 이야기를 들어보았
을 것이다. 이렇게 부모에게 의존하는 젊은이들을 향해 사람들은 비난하
며 한심하게 생각하겠지만, 나는 그러지 못한다. 왜냐하면, 오래전 나의
모습이기 때문이다.

대학에 갓 졸업하고 들어간 첫 직장에서였다. 하루는 아침에 일어났는

데 도저히 출근할 수 없을 정도로 아팠다. 회사에 결근하겠다고 연락해야겠는데 그 말을 하기가 너무 어렵고 뒷일이 걱정되었다. 전화를 망설이는 모습을 보고 어머니께서 대신 회사에 전화를 걸어주신 적이 있었다.

그런 일이 한두 번이 아니었다. 우리 부모님은 '자식은 귀하게 키워야 한다.'라는 생각을 가지고 계셨다. 귀하게 커야 고생을 안 한다는 것이다. 일을 잘해봤자 일복만 많다며, 공부 외에는 어떤 일도 시키지 않으셨다. 덕분에 나는 스스로 할 수 있는 일이 별로 없었고 매우 수동적인 사람으로 자라났다.

돌아보면 내 인생의 중대사를 결정할 때 나는 없었다. 항상 부모님이 결정하셨고 나는 그것을 그대로 따랐다. 고등학생 때 진로를 결정하는 순간에도 그랬다. 나는 어릴 때부터 그림 그리기를 좋아했고 꽤 잘한다는 소리를 들었다. 그래서 당연히 미술대학에 진학하는 줄 알았다. 그러나 부모님은 미대 가려면 돈이 많이 든다고 반대하셨다. 부모님의 안 된다는 말씀과 동시에 나는 바로 미대 진학의 꿈을 접었다. 미대에 가고 싶다는 의사를 한마디도 표현하지 못했다.

희망했던 곳을 가지 못하니 학습에 동기부여가 되지 않았다. 겉으로는 학교와 집을 오가며 성실하게 공부하는 것처럼 보였지만, 실은 방황하고 있었다.

그렇게 의미 없이 고등학생 시절을 보내고 대학교를 결정해야 할 때가 왔다. 내향적이던 나는 집 근처에 있는 지방 국립대학교에 가고 싶었다. 하지만 부모님은 '말은 제주도로 보내고 사람은 서울로 보내야 한다.'라면서 서울에 있는 대학에 가라고 하셨다. 나는 고향을 떠나기 싫었지만, 이번에도 부모님의 바람대로 서울로 진학하였다. 그나마 전공 선택은 내가 했는데, 국어국문학과로 정했다. 어릴 때 종종 글쓰기 상을 받았고 국어가 제일 자신 있는 과목이란 이유였다. 가고 싶었던 미대 진학 좌절로 가볍게 한 결정이었다. 하지만 이렇게 독서 교육 일을 하고 있으니, 선견지명이 있었던 것 같다.

대학생이 되어서도 미대에 미련이 남아 디자인 학원에 다녔다. 소질이 있었는지 대학 졸업 무렵 작은 디자인 회사에 취업도 되었다. 그런데 가지 못했다. 그토록 원했던 길이었는데도 말이다. 왜냐하면, 부모님이 다른 회사를 원하셨기 때문이었다. 졸업을 앞두고 여기저기 회사에 이력서를 내고 면접을 보았는데, 은행에도 최종 합격이 되었다. 당연히 부모님은 작은 중소기업보다는 대기업인 은행에 들어가길 원하셨다. 그동안 학업과 디자인 학원, 두 개를 병행하면서 노력했던 시간과 노력을 헌신짝처럼 버리고 나는 부모님의 결정에 따라 은행에 들어갔다.

첫 사회생활은 너무나 힘든 가시밭길이었다. 적성과 성격을 고려하지 않고, 그저 부모님이 원하시는 대로 순종한 결과였다. 또한, 당시의 나는 나이만 성인이었지, 정신적으로 미성숙한 어린아이여서, 인간관계나 업무 능력 등 모든 면에서 너무나 서툴렀다. 그렇게 첫 직장은 피투성이 상처만 남겼다.

매번 인생의 중요한 일을 나는 왜 부모님 결정에 그대로 따랐을까? 아마 맹목적으로 부모님이 나보다 더 오래 살았으니, 삶의 경험과 지혜가 더 많을 것이라는 생각이 있었을 것이다. 그리고 내가 원하는 것이 무엇인지를 정확히 알지도 못했다. 나에 대해 잘 몰랐고 내 의견을 말할 용기도 없었다. 미숙아이자 겁쟁이였다.

안타깝게도 부모님의 의견이 나의 행복과 비례하지 않았다. 부모에게 효도하고 착하게 살면 복 받고 행복하게 산다는 동화 속 주인공은 현실에는 존재하지 않았다. 결혼하고 나서는 부모님이 아닌 남편의 결정에 따랐다. 가끔은 내 의견을 말하기도 했지만, 그럴 때마다 부부싸움은 피할 길이 없었다.

그렇게 오랜 세월 동안 나는 내 삶의 주인으로 살지 못했다. 그러다가 주체적으로 변하는 터닝 포인트가 있었다. 바로 독서논술 교습소를 차리는 일이었다.

오랜 기간 프리랜서 강사로 일하다 보니 온전한 나의 일터를 만들고 싶은 마음이 생겼다. 학원은 처음이니 조그맣게 시작하려고 상가를 알아보았다. 그러나 남편과 어머니 모두가 반대했다. "차렸다가 망하면 어떡하나?", "굳이 고생을 사서 할 필요가 있나?" 등 반대의 이유는 많았다.

나는 그동안 살아오면서 잘한 일과 후회스러운 일들을 떠올려 보았다. 그랬더니 스스로 결정한 일에는 후회가 없었고 결과도 좋았다는 것을 깨달았다. 그렇다. 무엇보다도 나를 믿는 것이 중요했다. 그래서 가족의 반대에도 아랑곳하지 않고 교습소를 차리기로 결심했다. 가족의 도움을 일절 받지 않고 혼자 준비해서 아파트 상가에 작은 교습소를 마침내 열었다.

그런데 교습소를 시작하자마자 코로나가 터졌다. 경영 경험이 없는 초짜 원장이어서 더 암담한 상황이었다. 하지만 가족의 그늘에서 벗어난 선택이라 그런지 견딜 만했다. 수업이 없어도 아침부터 저녁까지 교습소에서 종일 있으면서 바빠질 날을 대비하며 여러 일을 준비했다. 교습소에 있으면 정말 행복했다.

오픈 1년이 지나면서 조금씩 입소문이 나기 시작했고 학생들로 채워졌다. 그리고 2년 후에 새로운 도전을 하였다. 변두리 아파트 상가에서 학원가로 확장 이전한 것이었다. 아직은 이전한 학원이 고군분투 중이긴 하지만, 분명한 것은 내가 주인인 인생을 살고 행복을 찾았다는 점이다.

미래 인재상은 자기 주도적인 사람

2022년 개정 교육 과정을 살펴보면, 자기 주도적인 사람. 창의적인 사람, 더불어 사는 사람, 교양 있는 사람을 바람직한 인재상으로 추구하고 있다. 특히 학습자 주도성을 강화하여 교육 대상자가 스스로 공부하고 실력을 키워나갈 수 있는 능력을 갖추도록 하는 것이 가장 큰 목표이다. 이처럼 교육 과정에서도 '스스로' 하는 것을 중요한 역량으로 보고 있으며 '자기 주도성'을 갖춘 사람을 미래 사회에 필요한 인재로 보고 있다.

내 삶의 '주도성'을 내가 가져야 한다. 나는 오랫동안 부모님이 내 인생의 주도성을 가지고 있었고, 결혼해서는 남편이 가지고 있었다. 내 인생인데도 말이다. 요즘 아이들을 보면 예전의 내 모습을 보는 듯하다. 아니 더 수동적인 것 같다. 무엇이든 부모님의 계획과 결정에 따라 아이들은 꼭두각시 인형처럼 생활하고 있다. 잘못된 부모님의 양육방식과 학벌 지상주의가 만들어낸 결과라는 생각이 든다.

어릴 때 형성되지 못한 주도성을 갖기 위해 나는 긴 시간이 필요했다. 주도적으로 결정하고 책임져보지 못한 채 커버린 미성숙한 자아는 사회 생활에서 치명적 약점이었다. 나는 엄청난 고난과 시련을 겪고 나서야 비로소 나를 되찾을 수 있었다.

하루 단위로 급변할지도 모르는 미래 사회에서 '나'를 안다는 것은 대단히 중요한 일이다. 수많은 데이터 속에서 내가 원하는 삶을 살아갈지 남에게 끌려가며 살아갈지를 가름하는 주체는 '나'이기 때문이다. 내가 선택한 일을 하면서 행복한 삶을 누리기 위해서는 '스스로' 주도성을 갖는 훈련이 필요하다. 물론 내 자녀가 귀하긴 하지만 우리 아이가 주도적으로 멋지게 인생을 헤쳐나가는 모습을 바란다면 스스로 판단할 힘을 뺏고 있지 않은지 돌아봐야 할 문제다.

하버드에서는 문제 해결 능력이 높은 학생을 원한다

자존감이 자신감이다

독서교육을 하면서 나는 많은 학생을 만난다. 그러다 종종 안타까운 경우를 보기도 한다. 자기 생각을 표현하지 못하는 학생들이 그 대표적 예이다. 책을 많이 읽은 학생도 예외가 아니다. 그런 유형의 학생은 발표 시간이면 늘 한마디도 말하지 못하거나, "그냥요."라며 대충 그 순간을 모면하기 바쁘다. 아무도 찾지 못하는 은신처에 숨어버리고 싶은 표정을 짓는다.

생각보다 많은 아이가 자기 생각을 잘 표현하지 못한다. 생각이 전혀 나지 않기도 하고, 생각은 있지만, 그것을 말로 어떻게 표현할지 어려움이 있기도 하다. 배경 지식이 없거나 생각하는 훈련이 되어 있지 않았을 때 나타나는 현상이다. 말하기 경험이 적거나 수줍은 성격 때문일 수도 있다. 이처럼 생각을 잘 표현하지 못하는 원인은 학생마다 다르고 복합적이다. 하지만 그 이면을 깊숙이 살펴보면 공통점이 있다. 표현을 잘하지 못하는 아이들은 자신감이 부족한 경우가 많다. 자신감은 자존감이 잘 형성되어 있어야 생긴다. 즉 표현하는 것을 두려워하는 아이들은 자존감이 낮을 가능성이 큰 것이다. 자신감은 자기 주도성으로 이어진다. 자기 주도성은 주체적인 판단과 결정을 하게 만든다. 자기 주도성이 있는 아이는 자기 주장을 펼치는 데 두려움이 없다. 또 자신의 부족한 부분에 대해서도 예민하게 반응하지 않는다. 미래 사회에서 가장 필요한 소양으로 자기 주도성은 필수적이다.

초등학교 5학년 A 학생이 있었다. 이 학생은 긴 호흡의 책도 잘 소화했고, 수업 태도도 매우 좋았다. 그러나 단 하나 아쉬운 점이 있었는데, 바로 발표였다. 말하기를 너무나 두려워했다. 내 수업은 다양한 토론 활동이 많다. A 학생은 꼭 토론이 있는 날에 결석했다. 처음에는 배가 아프다고 했다. 그런데 항상 토론이 있는 날이면 어김없이 어딘가 아프다며 결석을 하는 것이었다. A 학생에게 토론이란 공포 그 자체였다는 것을 뒤늦게 알았다. 그런데 아이러니하게도 내가 본 A 학생은 발표를 꽤 잘했다. 또박또박 정확한 발음과 목소리로 말을 해서 성우나 아나운서를 해도 괜찮겠다고 느꼈을 정도였다. 나는 A 학생이 자신감을 가졌으면 하는 마음으로 칭찬과 격려를 했지만, A 학생은 믿지 않았다.

그런데 A 학생은 왜 발표를 두려워하고 스스로 못한다고 생각하는 걸까? 이 학생을 보면 매사 자신감이 없었고 주눅 들어 보였다. 평상시에도 친구들에게 자신의 의견이나 감정을 잘 드러내지 않았다. 친구들은 A 학생을 '착한 아이'라고 평가했다. 자존감이 낮으니 자신감도 없고, 자신의 능력을 부정적으로 생각했다. 무엇보다 사람들 앞에서 생각을 표현하는 것을 매우 싫어했다. 결국, A 학생은 말하기의 두려움을 극복하지 못하고 학원을 그만두었다. 자신의 존재를 당당하게 드러내는 것에 큰 어려움이 있었던 아이였다.

하버드 대학 경쟁력의 비밀

앞서 잠깐 언급한 자기 주도성이란 자신의 삶에 대해 스스로 책임을 지고 모든 행동은 자신의 의사에 따른 결정이라는 개념이다. 다시 말해, 아이가 자신에게 주어진 일을 구체적으로 계획하고 실행해나가는 의지와 자세, 그 안에서의 어려움을 극복해나가는 능력을 말한다. 친구와의 노는 약속, 학교 숙제 등의 일들을 스스로 계획하고 할 수 있어야 한다. 자기 주도성이 있어야 문제 해결 능력도 높아진다.

교육부 공식 블로그에 들어가면 하버드 대학 경쟁력의 비밀에 관한 내용이 있다.

> '하버드가 바라는 인재상'에 따르면 하버드는 성취동기가 강하고 문제 해결 능력이 높은 학생을 원한다. 미국과 세계를 이끌어 갈 지도자를 만들어내는 것을 목표로 하는 하버드 대학은 자신이 처한 상황을 창조적으로 극복해나가는 성공스토리를 만들어 갈 수 있는 인재를 찾는다는 것이다.
>
> …
>
> 심사위원들은 "하버드대에 지원한 학생들을 심사할 때 최근 2~3년간 했던 일도 중요하지만 오늘에 이르기까지 그 사람이 성장해 온 과정과 중요한 결정 과정에서 보여준 판단 능력 등을 고려한다."고 설명했다.
>
> 출처: 교육부 공식 블로그 '하버드 대학 경쟁력의 비밀'

하버드가 바라는 인재상은 성취동기가 강하고 문제 해결 능력이 높은 학생이다. 또한 학생이 성장해 온 과정과 중요한 결정 과정에서 보여준 판단 능력 등을 고려하여 평가한다고 밝히고 있다. 즉, 자기 주도성이 필수요소이다. 자기 주도성이 있어야 성취동기도 생기고 문제 해결 능력도 높아진다.

요즘 부모는 참으로 이분적인 모습을 보인다. 자녀의 모든 생활을 시시콜콜 관리하고 통제하면서도, 어떤 면에서는 자녀에게 모든 권한을 주어 자녀의 결정에 부모가 무조건 따르기도 한다. 문제는 어떤 상황에서 누가 어떤 결정을 할 것인가? 하는 중요한 선택의 순간에 부모의 기준이 모호하며 그때그때 달라진다는 점이다. 그러다 보니 아이들은 양육방식의 일관성 부재로 인해 혼란이 생기고, 이것은 아이의 불안을 만들며 자기 주도성이 낮은 아이로 자라게 되는 원인이 되기도 한다.

하버드 대학의 경우를 보더라도 세계는 자기 주도성을 가지고 자기 일을 판단하고 결정하며 성장하는 인재를 원한다. 그 결정이 옳든 잘못되었든 간에 그 선택에 책임을 갖고 어려움을 극복하며, 문제를 해결하는 능력이 필요하다. 우리 아이를 기준 없이 부모 마음대로 통제하고 있거나 혹은 지나치게 허용하는 것은 아닌지를 돌아보아야 할 때이다.

상위 1%를 만드는 역량 1 : 읽기 전략

독서 습관은 수능 만점을 만든다

어렸을 때 나는 독서광이었다. 초등학생 시절 책은 나의 가장 친한 친구였다. 쉬는 시간에도 책만 보았다. 또래 친구와 이야기하고 노는 것보다는 책 속의 인물들과 시간을 보내는 것이 행복했다. 책 속의 세상에 들어가면 온갖 새로운 세계가 나를 기다리고 있었다. 책 속에서 나는 어린아이가 되었다가, 범인을 잡는 탐정이 되었다가, 비련의 여주인공이 되기도 했다. 간접 경험을 통해 만나는 세상은 나를 흠뻑 빠지게 했다. 이해가 안 되는 책은 여러 번 이해가 될 때까지 읽기를 되풀이하기도 하고, 좋아하는 작가의 책을 모조리 찾아서 읽기도 했다. 어느 날은 추리 소설에 빠져서 홈즈와 아가서 크리스털 책 속의 범죄를 저지른 범인을 찾기도 했고, 고전 소설에 빠져 노인과 바다, 좁은문, 주홍글씨, 데미안 등 다양한 인물들을 만나, 마치 내가 그 주인공인 양 웃고 울었다. 중고등학생 때는 시에 빠져 시를 필사하고 외우기도 했다. 그렇게 읽었던 책 경험이 지금도 든든한 자양분 같은 역할을 하고 있다.

학생들도 나처럼 책이란 큰 세상에 빠졌으면 좋겠다는 생각을 늘 가진다. 어떻게 하면 책을 좋아하도록 동기부여가 될까? 책에 흥미를 느낄까? 고민한다.

어느새 독서교육을 한 지가 20여 년이 되어가는데, 점점 아이들이 책을 읽지 않는 것을 느낀다. 독서를 힘들어하는 아이들이 많아졌다. 아니, 책을 좋아하는 아이들을 보기가 어렵다. 부모들도 아이들과 함께 책을 읽는 가정환경을 만들기에 어려움을 느껴 학원에서 책을 읽을 수 있는 독서 학원에 보내곤 한다. 독서의 출발은 가정에서 시작해야 하는데, 안타까운 현실이 아닐 수 없다.

수능 만점자 30명을 인터뷰해서 공부 노하우를 정리한 책이 있다. 바로 2018년에 나온 『1등은 당신처럼 공부하지 않았다』이다. 이 책에서 수능 만점자의 90%가 수능 만점을 가능하게 만든 습관으로 '독서'를 꼽았다. 2018년 만점자 김태현 씨는 1년에 500권씩 책을 읽었다고 한다.

이들은 독서를 많이 하면 활자에 익숙해져 교과서도 책처럼 읽을 수 있어 공부 습관을 들이는 데 아주 효과적이라고 한다. 책을 읽으면 독해력, 어휘력, 사고력이 발달하고 다양한 분야의 책을 읽을 경우 배경 지식도 탄탄해져 학습에 큰 자산이 된다고도 한다.

이 책이 나온 이후에도 만점자들의 독서 습관은 이어진다. 2021 수능 만점자 서울 중동고등학교 신지우 씨는 "고등학교 3년 내내 오전 6시 30분~7시쯤 등교해서 한 시간 동안 몸풀기 겸 편하게 책을 읽었다."라며 그렇게 책을 읽는 것이 쌓여서 문제 푸는 데 도움이 된 것 같다고 밝혔다.

"눈에 보이는 대로 소설이든, 과학이든, 철학이든 분야를 가리지 않고 읽었던 것이 문제를 푸는 데 큰 도움이 되었던 것 같다."고 했다.

2020 수능 만점 김승덕 씨도 자신이 사교육 없이 만점이 가능했던 건, 어릴 때부터 착실히 쌓아온 공부 습관과 기초, 독서의 기반이 있었기 때문이라고 밝히기도 했다.

뇌과학자들은 독서할 때 뇌의 시지각 영역, 분석, 이해, 기억 능력이 활성화되고 주변 불필요한 정보들을 억제하는 기능도 동시에 활성화되면서 고도의 정보처리 기능을 수행한다고 한다. 책 읽는 동안 엄청난 집중력이 발휘되는 것이다. 또 책을 많이 읽을수록 뇌의 각 영역이 활성화되는데, 여기에는 언어, 연산, 공간 지각, 문자 개념 융합, 전달, 감정 조절, 언어 인지 영역이 모두 포함된다. 그래서 뇌는 쓰면 쓸수록 정보처리 기능이 빨라진다. 책을 많이 읽은 사람은 뇌의 활성화가 많이 일어나 공부를 잘할 수밖에 없는 것이다.

하지만 사람들은 책을 읽지 않는다. 통계청 자료에 따르면 우리나라의 만 13세 이상 인구 중에서 1년 동안 책을 읽지 않는 인구가 45.6%라고 한다. 독서는 여러 가지 긍정적인 면이 있고 뇌를 활성화시키는 데 필수적인 요소인데 사람들은 책 읽기를 중요하게 생각하지 않는다. 대신 '심심한 사과'를 '지루한 사과'로 오해하는 등의 심각한 문해력 문제를 낳고 있는 상황이다.

책을 잘 읽는 비법

인류는 문자가 생기면서 고차원적인 사고를 하게 되었다. 문자는 사람들에게 많은 변화를 가져다주었다. 과거에 기억에만 의존했던 것들이 문자로 인해 기록하게 되면서 시공간을 초월하여 공유와 전승까지 가능하게 되었다.

많은 시간이 지나 오늘날은 다양한 미디어가 발달하였다. 사진, 뉴스, 영화, 웹툰, SNS, 유튜브 등 일상생활에 밀접한 영향을 주고받으며 살고 있다. 이러한 것들을 알고 이해하는 것도 읽기에 해당한다.

읽는다는 것은 무엇일까? 읽기는 단어, 문장, 단락 등으로 구성된 텍스트를 이해하고 해석하여 이해하는 활동으로 의사소통과 지식 습득의 수단이다. 글자를 안다고 해서 읽기를 잘한다고 볼 수 없다. 우리의 일상은 읽기를 떼려야 뗄 수 없는 관계가 되었다. 읽기가 깊이 들어와 있다. 무엇보다도 읽기를 잘해야 현명한 생활도 가능하다.

책이 나에게 의미 있는 자산이 되기 위해서는 무작정 읽어서는 안 된다. 제대로 읽어야 한다. 글의 본뜻을 파악하고 이해해야 나에게 도움이 되는 것이다. 그러기 위해서는 전략적으로 읽을 필요가 있다. 어떻게 하면 책을 제대로 읽을 수 있을까.

읽기 전략 첫째는 예측하기이다. 텍스트의 제목이나 부제, 그림 등을 잘 살펴보고 활용하여 내용을 예상해 본다. 이를 통해 읽을 내용에 대한 기대감이 생기고 이해가 높아질 수 있다. 책을 읽을 때 표지에 있는 그림이나 제목을 보면서 어떤 내용일지 예측해 보는 것이다. 미리 예측해 보고 읽으면 훨씬 내용이 흥미롭고 읽기 역량이 높아진다.

둘째, 질문하기이다. 읽으면서 질문을 하면 내용에 대한 이해와 관심을 높일 수 있다. 또한 내용에 관한 깊이 있는 질문을 하고 답을 찾으면서 내용의 이해도는 물론이고 의사소통 능력도 향상시킬 수 있다.

셋째, 연상하기이다. 읽은 내용과 자기 경험, 지식, 감정을 연결해 더 깊은 이해를 도모한다. 독자는 읽은 내용을 더 현실적이고 의미 있는 것으로 만들 수 있다. 배경 지식이 많을수록 연상하기에 유리하다. 연상은 개인이 가지고 있는 삶의 경험과 책을 통해 얻은 지식 등에 영향을 받으며 개인마다 다르다.

넷째, 요약하기이다. 읽은 내용에서 핵심어와 중심 문장을 찾아 중요 내용을 요약하고 정리한다. 독자는 읽은 내용을 정리하여 잘 기억할 수 있다. 나는 수업 시간에 신문 기사나 지문이 있으면 항상 학생들에게 핵심어와 중심 문장 찾는 연습을 같이 한다. 많은 아이들이 눈으로만 보면서 읽으려고 한다. 손도 같이 활동해야 내용이 더 오래 남고 내용 파악하기도 쉽다.

다섯째, 글을 구조화한다. 글의 구조는 글의 중요한 정보를 찾는 데 도움이 된다. 제목과 부제, 글의 주요 주제를 구분한다. 글을 구조화하면 서로 관련된 내용끼리 묶을 수 있어 글의 전체 논리 구조나 전체 내용을 쉽게 이해하게 된다. 또한 내용을 더 쉽게 기억할 수 있다. 구조하면 기억하기 쉬운 지점을 찾을 수 있기 때문이다.

이처럼 읽기 전략은 읽기의 효과와 효율성을 향상시키는 데 도움을 준다. 독자는 자신에게 맞는 읽기 전략을 선택하고 익히며, 지속적인 읽기 훈련을 통해 읽기 능력을 발전시킬 수 있다. 책을 읽을 때 눈으로만 읽지 말고 나에게 맞는 읽기 전략을 사용해서 읽으면 읽기 역량이 높아질 것이다.

상위 1% 만드는 역량 2 : 말하기 전략

말 못하는 아이에서 말 잘하는 선생님이 되다

어릴 때 나는 말을 잘 하지 않았다. 요즘 유행하는 MBTI로 비유하자면 극 I형이어서 사람들 앞에서 한마디도 못 하는 아이였다. 학교 수업 시간 때 발표를 시키면 고개를 숙이고, 얼굴은 빨개진 채 말을 못 하기 일쑤였다. 그랬던 내가 지금은 사람들 앞에서 말을 한다. 학부모님과 상담도 곧잘 하고 말을 잘한다는 소리까지 듣는다. 대학원 세미나에서 난생처음 사회를 본 적이 있었는데, 잘 진행했다고 칭찬을 받기도 했다.

학원에서 자녀의 말하기 실력을 키우기 위해 종종 독서논술 학원을 찾는 경우를 본다. 나는 말하기도 독서 교육에서 중요하다고 생각한다. 독서와 말하기는 상호보완적인 관계이며 함께 발전시킬 수 있는 능력이기 때문이다. 독서를 통해 얻은 지식과 생각을 활용하여 말로 표현할 수 있어야 한다.

그럼, 말을 잘하는 방법에는 무엇이 있을까?

어릴 때 부끄러움이 많았던 내가 이렇게 변할 수 있었던 것은 말을 많이 해보는 경험이 컸다. 나는 사회생활을 하면서 말을 하지 않는다는 것이 얼마나 큰 손해인지를 알게 되었다. 내 의사를 표현하지 않으면 사람들 관계에서 오해를 사고 어려움을 겪는다. 내 생각을 정확히 전달해야 사람들과 원활한 소통이 되고 좋은 관계를 유지할 수 있다. 말하기는 사람들 관계에서 중요한 소통 도구이다.

나는 20대부터 말을 잘하기 위해 많은 노력을 기울였다. 말 잘하는 사람들을 관찰하며 말하기에 도움 되는 것들은 따라 하기도 했다. 또, 회사 사람들에게 출근할 때 할 말, 점심 먹으면서 할 말 등 상황에 따른 말들을 적고 수시로 연습하였고, 직원들 한명 한명 떠올리며 각 사람에게 할 말도 연습했다. 그리고 출근하면 그대로 실행했다. 그렇게 나는 걸음마 배우는 아기처럼 한 마디 한 마디씩 말하기 연습을 했고, 그렇게 조금씩 의사를 표현하는 사람으로 변해갔다. 의사를 정확히 표현하게 되니 오해를 사거나 억울한 일들이 줄어들었고, 사람들과의 관계도 나아졌다.

그러나 사람들과의 소통 방법은 좋아졌으나, 여전히 앞에 나가서 발표하는 것은 어려웠다. 나는 무대 공포증이 너무나 심했다. 많은 사람 앞에 서면 엄청난 긴장감에 머릿속이 하얗게 되고 가슴은 주책없이 콩닥콩닥 뛰고 손은 부르르 떨렸다. 목소리는 염소 소리가 되었다. 가장 극복하고 싶은 나의 모습이었다.

처음 문화센터 수업을 하게 되었을 때, 문화센터 측에서 개설 과목은 무조건 공개 수업을 해야 한다는 것이었다. 어쩔 수 없이 학부모님들 앞에서 수업 소개를 했는데, 역시나 무대 공포증은 나타났다. 땀을 뻘뻘 흘리며 떨리는 목소리로 간신히 마쳤다. 결과는 참담했다. 미리 등록했던 학부모님조차 공개 수업이 끝나자마자 바로 취소해버리는 사태가 벌어졌다.

하지만 나의 말하기 도전은 계속되었다. 나는 포기하지 않고 계속해서 공개 수업에 도전했고, 점점 나아졌다. 그리고 공개 수업 후에 취소하는 상황이 더는 생기지 않았다.

학교 방과 후 강사였을 때는 1년에 두 번 공개 수업이 있었다. 학교 선생님과 학부모님들 앞에서 수업하고 평가를 받는다. 처음 방과 후 공개 수업을 하던 날도 너무나 떨렸다. 학교 방과 후 공개 수업은 처음이었지만 그동안의 쌓은 경험 덕분에 떨렸지만 무난하게 마칠 수 있었다. 방과 후 수업을 처음 나간 이듬해에는 전체 방과 후 과목 평가에서 최고 점수를 받기도 했다. 그렇게 공개 수업을 자주 해서 무대 공포증은 많이 극복

되었다. 나는 부족하다고 느끼면 잘할 때까지 포기하지 않고 노력하는 편이다.

이렇게 사회생활을 잘하기 위해 시작한 말하기 연습은, 나를 E형 외향형 성격으로 바꾸어 놓을 만큼 큰 영향을 미쳤다. 말하기는 무한 경쟁 사회에서 이길 수 있는 강력한 역량이다. 사람들은 말에서 그 사람의 신뢰를 느낀다. 내가 어떤 생각을 하고 있고, 어떤 사람인지를 말로 잘 표현해야 하는 시대이다.

말을 잘하는 비법

다양한 사람들과 살아가는 데는 말하기 역량이 꼭 필요하다. 경험과 상황이 모두 다른 사람들이 모이다 보니 의견이 다른 경우가 생긴다. 역사를 살펴보면 서로 의견을 말하는 것이 토의와 토론의 시작이 되었다. 어떤 문제에 대해 의견이 다양하고 많을수록 좋은 결론이 나올 확률이 높아진다. 중대한 문제일수록 의견이 많이 나와야 한다. 이것은 민주주의의 필수적 요소이다. 말을 잘한다는 것은 사람들 간의 소통을 원활하게 하며 나아가 성숙한 민주사회를 만드는 중요한 요소가 된다.

말 잘하는 자녀를 키우는 방법을 소개한다.

첫째, 경청을 잘해야 한다. 모든 말하기는 듣기에서 시작한다. 상대방의 말을 그대로 받아들이고 들으면 자신이 미처 생각하지도 못했던 내용을 발견할 수 있다. 남의 말을 잘 들어야 내 말을 잘할 수 있다. 상대의 말에 집중하고, 이해하려고 노력해야 한다. 진심으로 관심을 가지는 것이 좋은 관계의 첫걸음이기도 하다.

둘째, 자신감을 키운다. 자신감은 말하기뿐만 아니라 우리 자녀가 행복하게 살기 위한 필수 요소이다. 부모가 자녀를 늘 지적하고 칭찬에 인색하면 아이는 주눅 들어 표현을 잘하지 못한다. 즉 부모로부터 부정적인 평가를 받는 아이는 자기 확신이 없어서 자신감이 부족하다. 부모는 긍정적인 언어를 사용해야 한다.

셋째, 다양한 주제에 관심을 가진다. 다양한 분야에 관해 관심을 가지고 지식을 넓히는 것이 좋다. 그래야 친구들과의 대화에도 낄 수 있고, 학교 수업에도 적극적으로 참여할 수 있다. 지식을 쌓는 데는 책이 좋다. 책을 통해 간접 경험을 하고 배경 지식을 넓힌다. 또한 다양한 체험 활동과 여행 등도 도움이 된다.

넷째, 말하기 연습과 경험이 필요하다. 말을 잘하기 위해서는 일단 말을 많이 하는 경험이 중요하다. 자신의 의견을 표현하고 앞에 나가 발표해 보는 기회가 많아야 한다. 가족 간의 대화도 매우 좋다. 모든 것은 가정에서 시작한다. 그러나 가족끼리 대화를 많이 하기 힘든 환경이라면 토론학원에 보내는 것도 한 방법이다. 경험이 쌓이면 말하기 자신감이 생기고 두려움이 줄어든다. 또한, 말할 때 정확히 표현하지 않거나 끝말을 흐리게 마무리하는 등 나만의 나쁜 언어 습관을 알게 되어 고칠 수도 있다.

상위 1% 만드는 역량 3 : 쓰기 전략

글은 나의 친구이자 치유자

스스로 외톨이를 자처하며 보냈던 시절이 있었다. 초등학생 때 나는 친구랑 이야기하는 것을 좋아하지도 않았고 필요성도 느끼지 않았다. 혼자 책을 보면서 시간 보내는 것을 좋아했다. 그런 나에게 글은 실과 바늘처럼 꼭 필요한 존재였다. 책이 실이라면 글은 바늘이었다. 나는 친구와 이야기하는 대신 종이에게 말을 걸었다. '오늘 날씨가 좋구나.', '선생님이 발표를 시키지 않았으면 좋겠다.' 등 내 마음의 소리를 적기도 했고 때로는 속상하거나 화가 났을 때도 이용했다.

글은 오롯이 나와 마주하는 시간이었다. 글을 쓰는 동안은 거추장스러운 꾸밈도 필요 없고, 아무런 간섭도 없이 오직 나만의 세계에 푹 빠질 수 있었다. 작가가 되어 소설을 쓰거나 시를 쓰기도 했다. 특히 화가 난

날은 평소에 하지 못했던 말이나 친구 험담도 쓰면서 마음이 원하는 대로 거리낌 없이 폭주 기관차처럼 마구 써댔다. 그렇게 글로 실컷 배설하면 막힌 체증이 뻥 뚫리듯이 시원했다. 글은 억눌려 있던 감정을 분출하게 하고 객관적으로 다시 돌아보는 시간도 만들어 주었다. 글을 쓰다 보면 분노와 증오로 끓어올랐던 마음이 어느새 식어 가라앉고 따뜻한 온기만 남게 되었다.

이처럼 나에게 글은 가장 편하고 가까운 친구이자 상처받은 마음을 어루만져 주는 치유자였다. 글은 카타르시스를 느끼게 하는 힘이 있다. 특히, 자라나는 아이들에게 글쓰기는 자신을 돌아보고 성찰하며 내면을 성장시키는 데 가장 좋은 방법이다.

글의 역할은 이뿐만이 아니다. 글은 세상을 이어주는 의사소통 도구이다. 인류의 역사는 문자가 발명되면서 삶의 모습이 획기적으로 달라졌다. 기억에 의존했던 시대에서 문자의 발명으로 인해 기록의 역사로 바뀌었다. 문자로 인해 사람들은 지식을 널리 공유하는 것이 가능해졌다. 지금은 인터넷의 발달로 많은 사람이 포털 사이트, SNS, 문자 등으로 소통한다. 글을 통해 생각을 전달하고 정보를 공유하고 관계를 만든다.

글은 자기표현과 창의성을 발휘하기에 좋은 방법이다. 우리의 생각을 표현할 때는 글이 중요한 수단이 된다. 학생들은 학업에서, 성인들은 다양한 직업에서 글쓰기는 필수적인 기술이다. 수행 평가, 보고서, 제안서, 논문 등 글을 써야 할 경우는 많다. 글을 잘 쓰면 학업 성취나 직업적 업무 능력에 큰 도움이 된다.

글쓰기는 학습 능력을 향상시킨다. 우리는 글을 쓰면서 지식을 조직화하고 정리하면서 머릿속에 오래 저장한다. 눈으로 보는 것보다 글을 쓰는 활동이 더해지면 뇌의 활성화가 더 활발하게 일어나고 기억에 오래 남는다는 연구 결과는 누구나 잘 알고 있을 것이다. 글쓰기는 학습 과정에서 중요한 내용을 습득하고 이해하는 데 도움이 된다.

글을 잘 쓰는 비법

책을 많이 읽고 독서 능력이 높다고 해서 글을 잘 쓰는 것은 아니다. 독서와 글쓰기 능력은 다르게 보아야 한다. 물론 책을 많이 읽으면 글을 잘 쓸 확률이 높은 것도 맞다. 분명한 사실은 많은 학생이 글쓰기를 어려워한다는 점이다. 글을 잘 쓰기 위한 팁 몇 가지만 알면 글을 쓰는 것이 훨씬 쉽게 느껴질 것이다.

첫째, 글은 말하듯이 쓴다. 아이들은 이상하게 글로 표현할 때면 내용을 줄이고 단순하게 쓰려는 경향이 있다. 나는 글을 쓰기 전에 먼저 학생들과 이야기를 충분히 나눈다. 가령 기행문을 쓴다면 언제, 누구랑 어디를 갔는지, 무엇을 보았는지, 어땠는지 등 경험했던 일을 자세히 말하도록 한다. 그럴 때면 아이들은 신나서 말한다.

"그래, 지금 네가 한 말을 그대로 글로 써보는 거야."

아이들이 한 말을 글로 옮겨 쓰기만 해도 좋은 글이 완성된다. 하지만 안타깝게도 학생들은 글도 말하듯이 써야 한다는 것을 인지하지 못한다. 말과 글은 별개라 생각하고, 글을 쓸 때 어렵다는 생각에 표현이 경직되고 남을 의식하는 것이 드러나고 만다. 말하듯이 편하게 쓰는 훈련이 필요하다.

둘째, 글을 쓸 때 구조화된 계획을 세운다. 글을 쓸 때 개요작성을 하는데, 이것은 글의 주제를 벗어나지 않게 체계적인 글을 쓰기 위해서이다. 우리는 무슨 일을 하든지 계획을 세우는 일이 중요하다. 글도 마찬가지다. 글을 쓰기 전에 개요를 작성하여 글의 흐름을 정리하고 논리적인 구성을 갖추도록 한다. 그래야 내가 쓰고 싶은 내용이 다른 길로 새지 않고 일관성 있는 글이 된다.

셋째, 글의 종류와 목적, 독자를 고려해서 쓴다. 소설, 시, 감상문 같은 문학적 글쓰기가 있고 설명문, 논설문, 보고문 등 비문학적 글쓰기가 있다. 글의 목적과 대상은 다양하다. 예를 들면 감상문은 어떤 대상에 대해 느낀 나의 감상이 충분히 들어가야 한다. 설명문은 주관적인 내 느낌이 들어가면 안 된다. 대상에 대해 객관적인 사실을 이해하기 쉽게 설명해야 한다.

내가 쓰려는 글이 누구를 대상으로 하는 건지도 고려해야 한다. 연설문과 논설문도 대상이 다르다. 연설문은 앞에 나가서 연설하기 위한 글이다. 따라서 청중이 있다. 듣는 사람을 위해서 쓰는 글이기 때문에 예의를 갖춘 구어체를 사용해야 한다. 그러나 논설문의 대상은 청중이 아닌 독자이다. 내 글을 듣는 사람이 아닌 읽는 사람, 독자를 고려해야 한다. 독자가 성인일 수도 있고, 같은 또래일 수도 있어서 대상에게 맞는 글을 쓰는 재치가 필요하다.

넷째, 글을 쓴 후에는 반드시 퇴고한다. 글은 한 번으로 완성되지 않는다. 유명한 작가들은 한 편의 작품을 위해 수백 번을 고친다. '해리 포터' 시리즈의 작가인 조앤 롤링도 작품을 완성하기 위해 여러 차례 퇴고를 거치는 것으로 알려졌다. 내가 쓴 글이 문맥에 맞는지, 맞춤법이 틀리지 않았는지 등 꼼꼼하게 다시 읽어보고 수정을 거듭해야 한다.

다섯째, 글쓰기 연습을 많이 한다. 말하기와 마찬가지로 글쓰기를 잘하기 위해서는 많이 써보아야 한다. 지속적인 글쓰기 연습이 필요하다. 필사도 좋은 글쓰기 연습 방법이 될 수 있다. 다양한 주제와 형식의 글을 쓰고 전문가의 피드백까지 받으면 글쓰기가 향상된다. 글을 많이 쓰면 자신만의 문체와 생각을 발견할 수 있다.

1등급 문해력은 독서토론논술이 만든다

당신의 문해력은 안녕하십니까?

현재 대한민국을 휩쓸고 있는 '문해력' 열풍은 한 방송에서 비롯되었다. 2021년 EBS가 '당신의 문해력'이라는 프로그램을 방송하면서부터다. 글을 읽고 이해하는 능력인 '문해력'은 학습 능력을 좌우하는 가장 기초적이고 중요한 역량이다. 문해력 기초가 제대로 잡혀 있지 않으면 모든 과목 공부에서 어려움을 겪게 되고 학습 부진으로 이어진다. 성인도 문해력이 낮으면 사회생활에 어려움을 겪기도 한다.

'당신의 문해력' 제1부 '읽지 못하는 사람들'에서는 대규모 평가를 통해 중학교 3학년과 성인들의 문해력 실태에 대한 깜짝 놀랄 만한 결과를 공개했다. 특히 학교 현장에서 문해력 부족으로 벌어지는 현장이 공개돼 사람들은 충격을 받았다. 중학교 3학년 10명 중 1명은 문해력이 초등 수준이었다. 전국 중학교 3학년 학생 중 무려 11%가 초등학생 수준의 문해력에 머무는 것으로 나타난 것이다. 중학교 3학년 수준에 미달하는 아이들도 27%에 달해 정상적인 수준의 학생은 62%인 셈이었다.

제2부 '공부가 쉬워지는 힘, 어휘력' 편은 더 끔찍한 결과를 보여줬다. 중학교 3학년 대상 대단위 어휘력 시험 결과가 공개됐는데, 약 2,400여 명의 학생들이 참여한 이 시험에서, 우리나라 중3 학생 10명 중 단 한 명만이 혼자 교과서를 읽고 스스로 공부할 수 있는 수준의 어휘력을 갖추고 있는 것으로 드러났다. 나머지 아홉 명은 책을 읽어도 무슨 뜻인지 몰라 누군가 풀이를 해줘야 한다는 의미다.

'당신의 문해력' 방송은 문해력의 높은 관심과 동시에 현재의 문해력 교육에 대해 심각한 우려를 가져왔다. 후에 『당신의 문해력』이란 책으로도 출간되었다. 이 책에 의하면 읽고 쓰는 것은 문자가 만들어진 이후에 인간에게 벌어진 일로, 후천적으로 배우고 익혀서 된 능력이라고 한다. 태생적으로 뇌에는 읽고 쓰는 기능이 없으므로 읽지 않으면 읽을 수 없으며, 읽지 않으면 읽는 기능이 퇴화한다고 하였다. 그래서 꾸준히 계속 읽으면 그 능력이 키워진다는 것이다. '누구나 쉽게 읽고 쓸 수 있다.'라고 흔히 생각하지만 그것은 사실이 아니며, 문해력은 자신의 노력에 따라 달라진다고 밝히고 있다.

문해력을 향상시키는 비법

EBS 방송으로 학부모님의 문해력에 관한 관심이 뜨겁다. 그래서인지 '문해력' 이름을 걸고 많은 학원이 광고하고 있다. 저마다 '문해력 향상'이라며 문해력에 좋은 프로그램을 제시하고 있다.

그렇다면 문해력을 키울 수 있을 방법이 무엇인지 알아보자.

첫째, 다양한 분야의 책을 읽어야 한다. 소설, 시, 과학, 역사, 국제사회 등 다양한 분야와 주제를 다룬 책을 읽는 것이 문해력을 기르는 데 도움이 된다. 책을 읽으면서 배경 지식과 어휘력을 높이고 주제를 보는 힘을 길러야 한다. 학년이 높아질수록 다양한 분야의 책을 골고루 읽어내는 역량이 중요하다. 책을 많이 읽지만, 편독으로 어휘력과 문해력이 낮은 경우를 자주 본다. 책을 골고루 읽어야 하는 이유이다. 또한, 문해력 수준을 높이려면 디지털 매체보다는 종이책이 효과적이다. 다양한 텍스트를 지속적으로 읽는 훈련을 통해 문해력이 향상된다.

독서는 문해력 향상뿐만 아니라 창의적 사고를 키우며 스트레스 해소에도 도움이 된다. 우리 자녀에게 책 읽는 습관을 만들어 주는 것이 어떤 유산을 남기는 것보다 큰 자산이 될 것이다.

둘째, 어휘력을 향상시킨다. 어휘력과 문해력은 밀접한 연관성을 가지고 있다. 어휘력이 낮으면 문해력도 낮다. 이 두 가지 능력은 상호보완적인 관계를 맺는다. 어휘력을 향상하기 위해서는 무엇보다도 책을 많이 읽어야 한다. 책을 읽으면 새로운 단어를 배우고 어휘를 확장할 수 있다. 다양한 분야의 책을 통해 풍부한 어휘를 익힐 수 있다. 모르는 어휘가 나오면 바로바로 사전을 활용하여 의미를 정확히 이해하는 노력이 필요하다. 학생들의 어휘력은 학습도구어와 연결되기에 교과서에 등장하는 핵심 어휘들의 뜻을 정확하게 알아두는 과정이 필요하다. 교과서를 읽고 이해하는 데 필요한 어휘가 학습도구어이다. 어휘를 넣어 문장 만들기, 단어 찾기 게임, 특정 주제나 의미에 따라 관련 어휘들을 유목화하여 익히기 등 다양한 활동은 어휘를 활용하고 익힐 수 있게 한다.

셋째, 토론을 많이 한다. 읽은 텍스트를 가지고 사람들과 토론하는 활동도 문해력을 향상하는 데 도움이 된다. 토론은 다양한 주제에 대해 의견을 나누고 논리적인 주장과 근거를 제시하는 과정이다. 이를 통해 다른 사람의 의견을 이해하고 분석하는 능력을 기를 수 있다. 또한, 토론하는 과정에서 독해 능력이 향상된다. 상대방의 주장을 이해하고 그에 맞는 반론을 준비하면서 문맥을 파악하고 추론하는 능력이 발달한다. 토론에 사용되는 주제와 관련된 전문 용어나 표현들을 학습하고 활용하기 때문에 어휘력도 풍부해진다. 토론은 자신의 의견을 명확하게 표현하고 논리적인 주장을 전개하는 능력을 기를 좋은 기회이다. 문해력이 높은 사람은 효과적인 토론을 위해 정확하고 명료한 표현을 사용할 수 있다.

넷째, 글쓰기를 한다. 글쓰기 역시 문해력과 상호보완적인 관계 속에 있다. 글쓰기는 자기 생각이나 정보를 글로 표현하는 과정이며, 문해력은 글을 읽고 이해하는 능력이다. 문해력이 높은 사람은 글의 문맥을 이해하고 내용을 파악하는 데 능숙하다. 따라서 자기 생각을 명확하고 구조화된 방식에 의해 글로 표현할 수 있다. 글을 쓰면서 생각을 정리하고 구조화하는 과정에서 문장력, 어휘 선택, 문맥 이해 등에 대한 능력이 향상된다. 또한, 다양한 글을 작성하면서 새로운 단어나 표현을 활용하게 되어 어휘력이 풍부해지는 효과가 있다. 이것은 꾸준하게 글을 쓰는 습관으로 이어진다.

문해력이 높은 사람은 글을 읽고 해석하는 능력이 뛰어나기 때문에 정보 이해와 지식 습득을 쉽게 한다. 정보의 홍수 시대에 꼭 필요한 역량이 아닐 수 없다. 또한, 자기 생각과 감정을 명확하게 표현할 수 있어서 의사소통이 원활하다. 비판적 사고와 분석력이 높아서 문제 해결력이 높다. 따라서 문해력은 미래 인재상에 꼭 필요하고 중요한 역량이다.

나는 매일 학생들을 만난다. 학생들과 책에 대해 서로 이야기를 나누고, 토의나 토론도 하고, 글로 생각을 잘 표현하도록 돕는다. 그 과정에서 아이들의 자신감이 올라가고 긍정적으로 변화하는 모습을 보면서 내 직업에 보람과 감사함을 느낀다. 함께하는 시간이 우리 학생들 삶에 도움이 되기를 바라며 늘 고민하고 공부하는 선생님이 되려고 한다. 내가 만난 학생들이 세상을 바르게 볼 수 있는 눈을 가지고 주체적 삶을 사는 미래의 주인공이 되기를 바란다.

홍창숙 원장의 미래 인재를 키우는 독서 교육의 가치

독서논술 학원은 왜 다닐까요?

"어머니, 왜 독서논술을 보내려고 하시나요?"

상담하러 온 학부모님에게 항상 물어보는 질문이다.

"우리 애가 책을 잘 읽지 않아서 책을 읽게 하려고요."

"책을 대충 읽는 것 같아요."

"과학책만 읽어서 다양하게 읽히고 싶어요."

"아이가 말하는 것을 부끄러워해서 토론을 시켜보려고요."

"말하는 것을 좋아해서 토론하고 싶다고 했어요."

"책은 잘 읽는 편인데도, 글을 너무 못 써요."

"글쓰기를 힘들어해요."

"고학년이라 중학교 수행 평가 글쓰기가 걱정되어서요."

이처럼 자녀를 독서논술 학원에 보내는 이유는 각양각색이다. 좋은 독서 습관을 길러주고 싶거나, 말을 잘하는 아이가 되었으면 하는 바람, 글쓰기를 체계적으로 배웠으면 좋겠다는 이유 등 다양하다.

세상이 빠른 속도로 변하고 있다. 특히 코로나 19 범유행으로 우리 삶이 너무 달라졌음을 느낀다. 학생들은 최근 몇 년 사이에 눈에 띄게 학업 공백과 학력 격차가 커졌다. 또한, 책을 읽지 않는 아이들이 많아지고 있다. 인터넷의 발달로 게임이나 SNS 등 재미있는 것들이 지천으로 널려 있다. 어디 아이들만 달라졌겠는가? 부모도 달라졌다. 개인 생활을 중하게 여기는 요즘 젊은 부모들은 학원에서 모든 것을 다해오기를 원하는 경우도 많다. 집에서 책을 읽는 환경을 조성하거나 자녀의 꾸준한 독서 습관을 들이는 것을 힘들어한다.

그러나 급변하는 사회에서도 불변의 진리는 존재한다. 그것은 바로 책의 중요성이다. 종이의 발명과 인쇄술의 발달로 지식이 널리 보급되었고 인간의 삶에 큰 영향을 미쳤다. 세상을 바꾼 획기적인 혁명이라고 할 수 있다.

오랫동안 내가 독서 교육을 할 수 있었던 이유는 적성에도 맞지만, 무엇보다도 성장 발전하는 아이들을 보는 즐거움이 크기 때문이었다. 독서 논술 수업은 학업 향상뿐만 아니라 아이들의 자신감과 자존감을 높여주고, 가치관 형성에도 영향을 미친다. 미래 인재에 필요한 중요 역량을 키우는 수업이라 생각하며 자긍심을 갖고 있다.

원론적인 말이지만, 다양한 책은 간접 경험을 하게 하여 배경 지식을 넓히고 사고력을 기를 수 있다. 친구들과 다양한 주제에 관한 토론을 통해 발표력과 자신감을 기르며, 비판적이고 논리적인 사고를 키운다. 자기 생각과 감정을 글로 표현해 보면서 해결책을 찾는 능력과 창의력을 기를 수 있다.

실제로 몇 달 다니지 않았는데도 문해력이 좋아져서 수학 서술형 문제를 잘 풀게 되거나 영어 레벨이 올라가서 감사하다는 인사를 종종 듣는다. 중·고등학생이 되어서도 국어를 열심히 공부하지 않아도 90점 이상 유지한다는 소식도 들려오고 초등학생 때 다녔던 논술로 인해 논술전형을 무리 없이 준비하고 합격한 예도 있다. 어릴 때 읽었던 책과 친구들과 생각을 나누고 토론하고 글을 썼던 경험은 평생 자산이 될 것이다.

독서 토론 논술 Q & A

학부모님들과 상담할 때 주로 나왔던 질문을 정리해 보았다.

1.

Q 책을 너무 빨리 보는 것 같아 걱정돼요. 어떻게 해야 하나요?

A 개인의 독서 습관과 집중력에 따라 속도가 다를 수 있습니다. 능숙한 독자는 속도가 빠를 수 있습니다. 그래서 빨리 읽는다고 해서 모두가 대충 읽는 것은 아닙니다. 독서 속도는 연습과 경험을 통해 향상될 수 있습니다. 중요한 것은 책 내용을 얼마나 잘 이해했는지를 살펴보는 것입니다. 이해하지 않고 대충 읽는 것이 습관이라면 독서 전략을 이용해서 정독하는 연습을 해야 합니다.

2.

Q 독서 습관을 기르려면 어떻게 해야 하나요?

A 책을 읽을 수 있는 환경이 중요합니다. 주변의 방해 요소를 최소화하고 집중할 수 있는 조용하고 편안한 환경을 조성합니다. 자녀에게만 책 읽으라고 요구하지 말고, 시간을 정해 부모님도 같이 책을 읽는 모습을 보이면 좋습니다.

3.

Q 어떻게 하면 정독할 수 있을까요?

A 책을 읽기 전 작가에 대해 알아보거나, 읽으면서 궁금한 점을 생각하고 질문을 가지면서 책을 읽어봅니다. 읽으면서 중요한 내용이나 인상적인 문장을 적어보거나 내용을 정리해 보는 습관도 좋습니다. 책을 읽을 때 여유 있게 읽을 수 있는 **충분한 시간이 필요**합니다. 요즘 아이들은 책 읽을 시간이 없다는 말을 많이 합니다. 실제로 아이들 일정을 보면 하교 후 학원에 오랫동안 있고, 밤에는 학원 숙제를 하느라 늦게 잡니다. 책을 읽을 수 있는 시간적 환경도 마련해 줘야 합니다.

4.

Q 만화책을 좋아하는데 괜찮을까요?

A 학습 만화는 학습 동기와 재미를 줄 수 있습니다. 또한, 배경 지식을 높일 수는 있습니다. 하지만 만화책을 위주로 읽는 것은 좋지 않습니다. 만화책은 시각적인 표현을 통해 이야기를 전달하기 때문에 언어적 표현이 풍부하지 않습니다. 글의 표현력이나 어휘력, 문해력 향상에 도움이 되지 않으며 독자의 상상력과 표현력을 방해할 수 있습니다.

5.

Q 독서논술 학원은 언제 보내야 하나요?

A 개인의 상황에 따라 시기가 다르다고 생각합니다. 저학년도 독서
논술 학원을 보내면 자연스럽게 독서 습관과 글쓰기 능력을 키울
수 있습니다. 오히려 어릴 때부터 독서 능력을 잘 닦아놓으면 효
과가 크게 나타납니다.

보통 학부모님들은 초등 3~4학년 시기가 적기라, 말하고 있습니
다. 그림책에서 줄글 책으로 넘어가는 시기라 독서 능력과 글쓰기
능력이 요구되어서 전문적인 지도의 필요성을 느끼는 것 같습니
다. 그러나 이 시기가 모든 학생에게 적용되지는 않습니다.

책을 좋아하고 꾸준히 읽는 학생은 굳이 학원을 보내지 않아도 됩
니다. 하지만 독서 습관이 좋은 학생이라도 편독하거나 잘못된 독
서 습관을 지닌 경우가 있으니, 가정에서 잘 확인해야 합니다.

다양한 분야의 좋은 책을 읽거나 올바른 독서 습관을 들이고 싶다
면 전문적인 지도를 받는 것도 좋은 방법입니다. 토론을 통해 자
녀의 자신감이나 발표력을 기르고 싶거나 체계적인 글쓰기를 배
우고 싶은 경우도 보내면 좋습니다.

6.

Q 언제까지 소리 내어 읽어줘야 하나요?

A 고학년이 되어서도 부모가 소리 내 읽기를 원한다는 것은 묵독이 어려운 학생일 수도 있습니다. 독서는 숨은 의미까지 파악해야 하는 고차원적인 사고를 필요로 합니다. 아이가 묵독이 될 수 있도록 부모님의 노력이 필요합니다. 묵독이 될 때까지 소리 내어 읽어주는 것과 병행해야 합니다. 스스로 책을 읽도록 시간을 정해서 읽게 하는 등 많은 읽기 경험을 제공하고 책 읽는 환경을 만들어 줘야 합니다.

읽기 독립은 아이가 독자적으로 책을 읽을 수 있는 능력을 말합니다. 이는 아이가 글자를 인식하고 해독할 수 있으며, 문장을 이해하고 의미를 파악할 수 있는 능력을 의미합니다. 읽기 독립을 달성한 아이는 독자적으로 책을 선택하고 읽을 수 있으며, 지식과 정보를 습득하고 즐길 수 있습니다. 따라서 아이가 읽기 독립을 달성할 수 있도록 지속적인 독서 활동과 독서 지도를 제공하는 것이 중요합니다.

Chapter 5

정소흔 이야기

정소흔 원장의
이토록 아름다운 수학

최종 합격자 명단에 없습니다

임용고시에 불합격해도 괜찮아

실패. 나에게는 해당되지 않는 말이라고 생각했다. 내가 무언가를 해내지 못할 것이라고 생각한 적이 단 한 번도 없었다. 집안 형편은 좋지 않지만 사교육 거의 없이 원하는 대학, 원하는 과에 한 번에 들어갔고 대학원도 바로 붙었다. 대학원 첫 학기 때부터 바로 임용고시를 준비했다. 임용고시를 위한 한국사 자격증도 미리 따고 남들보다 스터디도 더 일찍 시작하고 더 노력했다. 초수에 바로 합격할 수 있다고, 모든 준비는 완벽하다고 생각했다. 하지만 착각이었다. 나는 임용고시에서 원 없이 실패를 경험했다. 다섯 번째 시험에서야 겨우 1차에 합격할 수 있었고 1차 시험 점수가 컷보다 5.9점 높은 것을 겨우 위안으로 삼을 수 있었다. 그런데 그것이 또 자만을 부추겼다. 동점도 많고 0.1점 안에도 두세 명씩

들어있으니 합격은 따놓은 당상인 줄 알았다. 이제야 좀 인생이 편해지겠구나 생각했다. 2차 시험도 잘 봤다고 생각했다. 하지만 2차 시험 점수를 합한 결과 최종합격자 명단에는 내 이름이 없었다. 최종 점수는 컷보다 0.46점이 낮았다. 정말 믿기지 않았지만 최종 탈락이었다. 대체 어디서부터 잘못된 걸까?

나는 20대 내내 임용고시에 발이 묶여서 계절이 바뀌는 것도 마음 편하게 느껴보지 못했다. 3~6월 기본서 스터디, 7~8월 문제풀이 스터디, 9~11월 모의고사 스터디, 12~2월 2차 스터디, 이렇게 5년 동안 쳇바퀴 돌 듯 스터디가 계속됐다. 돈도 벌어야 했고 공부도 해야 했다. 체력도 약하고 멘탈도 약한 나는 스터디를 따라가기에 많이 부족했지만 정확한 상황 판단과 적절한 대안 없이 그저 합격할 수 있을 거라고 긍정적으로만 생각했다. 엉덩이보다는 요령으로 공부하려고 했다. 떨어지면 다시 다음 해 스터디 계획을 세운 후 함께할 스터디원을 모집하고 공부를 시작했다. 하지만 공부와 일을 계속해서 병행하는 건 쉽지 않았다.

점점 합격하는 사람들이 많아지고 나는 그들이 선생님이 되는 것을 축하하고 응원하는 입장이 되어갔다. 어느 해에는 함께 공부했던 사람들 대부분이 합격하기도 했다. 합격은 더 이상 내 이야기가 아닌 것 같았다. 극도의 스트레스로 몸에서는 염증 반응이 일어나고 작은 수술도 받아야 했다. 고시 공부를 오래 하니 날이 좋아도 마음이 흐렸다. 웃고 있어도 마음이 불편했고 쉬어도 쉰 것 같지가 않았다. 특히 최종 탈락을 한 이후에는 자꾸만 2차 시험의 모든 순간이 후회가 되어 잠 못 이룬 밤이 많았다. 하지만 한 편으로는 후련하기도 했다. 그래도 내가 정말 꿈꿔왔던 시험에서 1차 합격을 해봤으니 이제는 포기할 수 있을 것 같다는 마음도 들었다. 사실 교사의 월급으로는 현실적으로 삶을 유지하기가 어려운 상황이었다.

하지만 임용고시에서 벗어나려고 발버둥을 쳐봐도 매년 7, 8월이 되면 마음이 아팠다. 학교에서 아이들을 가르치고 싶은 마음이 너무 컸고 미련이 남은 것 같았다. 그러다 갑자기 엄마가 갑상선 암 수술을 받게 되셨고 죽기 전에 내가 학교 선생님이 되는 모습을 꼭 보고 싶다고 하셨다. 그래서 카톡을 탈퇴하고 모든 사람의 연락을 받지 않으며 예전 페이스를 끌어올리기 위해 두 달 동안 스터디를 4~5개씩 하면서 노량진에서 공부했다. 하지만 결국 그해에는 시험을 보러 가지 않았다. 앞으로 한 걸음도 나아가지 못하는 것 같았다. 마음속에서는 나를 제발 이 시험에서 꺼내달라고 부르짖고 있었다. 너무 지쳐서 도망가고 싶었다.

마음을 추스르기도 전에 마침 코로나가 터졌다. 사람들을 만나지 않아도 되었다. 자연스럽게 사람들과 멀어졌고 요즘 어떻게 지내는지 주기적으로 얘기하지 않아도 괜찮았다. 신경쓰이는 일은 줄어들었지만 미래에 대한 불안은 더 커졌다. 고민이 깊어졌다. 난 이제 무엇을 해야 할까. 공부만 하기에는 내 인생이 너무 아까웠다. 돈은 계속 벌어야 했고 끝이 보이지 않는 공부는 더 이상 하기 싫었다. 희망이 없었다. 미래가 보이지 않았다. 1년을 더 한다고 달라지는 것이 있을까. 그동안 너무 고생 많았다. 이제는 그만해도 될 것 같았다.

도피처로 사립학교에서 3개월짜리 출산휴가 자리 기간제 교사에 도전했다. 학교에서 일해보면 내 마음이 더 확실해지지 않을까해서였다. 다행히 명절이 끼어 있어서 명절 수당을 받았기에 망정이지 3개월 기간제는 좋은 조건이 아니었다. 적어도 6개월 이상은 해야 실업급여를 받을 수 있고 1년 이상은 해야 퇴직금을 받을 수 있기 때문이다. 그래도 나는 주어진 기회에 감사하며 기간제를 했고 혹시라도 관리자에게 밉보일까 전전긍긍하기도 했다. 잘 보이면 내년에도 재계약이 가능하지 않을까, 혹시 정교사를 뽑으면 이 학교 기간제 경력이 있으니 유리하지 않을까 하고 다른 학교에서 하고 있던 방과 후 수업도 그만두고 집중했다.

당시에 막 수학 정교사가 된 선생님이 있었다. 시험은 내가 더 잘 봤는데 임용고시에 대해서 궁금한 점이 있으면 물어보라고 했다. 감사하지만 그뿐이었다. 도움받을 것도 없고 받고 싶지도 않았다. 하지만 1점도 안 되는 작은 점수 차이로 불합격했어도 결과적으로 그 사람은 정교사가 됐고 나는 기간제였다. 그것은 바꿀 수 없는 현실이었다. 나는 내년에 어떤 학교에서 일할 수 있을까 매년 겨울을 불안해하며 보내야 한다. 그것이 현실이고 앞으로 내가 살아가야 할 삶이었다. 답답했다. 학교에서도 여러 가지 불합리한 일들이 많았다. 저연차 교사들에게 일은 몰아주고 조금도 손해 보지 않으려 하고 남들보다 조금도 더 일하지 않으려고 하는 교사들이 많았다. 동료 교사들이나 조건을 보고 교사가 되고 싶었던 것은 아니지만 이상적이라 여기고 모든 것을 투자했던 학교라는 사회는 내 생각과 다른 것들이 많았다.

교육대학원을 졸업해서 주변에 교사 친구들이 많다. 함께 임용고시를 준비하던 사람들도 어느새 다 교사가 되었다. 그들에게 가끔 학교의 이야기를 들어본다. 생기부 쓰는 게 힘들다, 방학이 짧다, 토요일에 출근하라고 한다, 월급이 적다, 수업 시간에 듣는 학생이 없다, 공부는 학원에서 하고 학교에서는 학원 숙제를 하거나 잔다는 등의 이야기를 한다. 또는 임용고시만 준비하다 보니 교사가 정확히 어떤 일을 하는지, 어떤 어려움이 있는지 잘 몰랐다면서 1년이라도 기간제를 했다면 이렇게 오랫동안 임용고시를 준비하지 않았을 것이라는 이야기도 했다.

최근에는 공교육 관련해서 아주 심각한 사건이 있었다. 어느 초등학교 교사가 학부모 민원에 대한 스트레스로 자살한 것이다. 전국에 있는 동료교사들은 그 교사의 49제를 함께하며 공교육 멈춤의 날을 진행하기도 했다. 실제로 내 친구들이 근무하는 학교에서는 친구끼리 싸우고 나서 낫을 들고 교실에 찾아온 학생도 있었고 전자레인지에 신발을 넣고 돌리는 학생이 있는가 하면 핸드폰을 걷는 교사를 죽이겠다고 교무실을 때려 부순 학생이 있어 경찰이 출동하고 결국 그 학생은 퇴학당하는 일도 있었다고 한다.

이런 학교에 내가 가서 잘할 수 있었을까, 내가 학교에 가고 싶은 이유는 무엇이었을까 생각했다. 내가 이렇게 똑똑하고 내가 이만큼 잘났다고 세상에서 나를 높이고 싶었던 걸까, 단지 나의 성취로 명예를 높이는 개인적 만족감을 위한 것이었을까, 아이들을 위해 낮은 자리에서 봉사할 마음은 있었던 걸까, 마음이 힘든 아이들을 사랑으로 감쌀 수 있었을까. 내가 감당하기엔 힘든 학교의 모습을 보며 이래저래 고민이 많은 날들이었다.

그런 와중에 누군가 나에게 물었다. 수학이 좋은 거냐고, 아이들을 가르치는 게 좋은 거냐고. 수학도 교육도 좋은 거라고 하니 만약 그런 거라면 학원에서 아이들을 지도해보는 것도 좋지 않겠느냐고 했다. 이 말은 내 생각을 바꿔 주었다. 더 이상 눈치 보며 1년 단위로 살고 싶지 않았다.

새로운 길을 가보고 싶었다. 도전해보고 싶었다.

그러나 오랫동안 생각했던 진로를 바꾼다는 것은 쉬운 일이 아니었다. 나는 몇 번의 실패와 숱한 고민을 통해 얻은 경험으로 내 진로를 결정할 때 확인해야 할 세 가지 조건을 만들었다. 이 조건이 충족되면 그것이 어떤 일이어도 괜찮을 것 같았다.

첫째, 내 인생을 다 바칠 만큼 의미 있는 일인가.
둘째, 내가 잘할 수 있고 좋아하는 일인가.
마지막으로 경제적으로 자립할 수 있는 일인가.

학원 강사는 이 세 가지 조건을 모두 추구할 수 있었다. 그동안 사교육을 안 해본 건 아니지만 제대로 해본 적은 없었다. 한번 해보자는 마음이 굳어졌다. 내가 좋아하는 수학 전공을 살리면서도 아이들을 가르치는 일을 할 수 있다면 인생을 걸어볼 만하다고 생각했다. 이 세 가지는 이후에도 새롭게 시작하는 일에 대해서는 꼭 적용시켜보는 조건이 되었다. 무수한 변수가 생기는 현실에서 한 가지 일로 특정하기보다는 좀 넓은 범위의 조건을 정해 놓는 것이 실패와 오류를 줄일 수 있는 현명한 방법이라고 생각한다.

학원 강사로 월 1,000만 원 벌기

대치동 학원 강사는 돈을 얼마나 벌까?

새롭게 진로를 정한 나는 사교육을 본격적으로 시작해보기로 했다. 전임 강사로 일해본 적이 없기에 나에게 맞는 학원을 정하는 기준을 알지 못했다. 거리도 연봉도 여러 조건들도 따지지 않고 일단 이력서를 넣어서 가장 먼저 연락 온 학원에서 일하기로 했다.

첫 번째 학원(Y학원)

경력은 없었지만 지필고사, 시범 강의, 면접 이후에 강사로 뽑혔다. 나의 첫 번째 학원이었다. 급여도 어느 정도가 적절한지 몰라 학원에서 준다는 대로 받겠다고 했다. 나는 이 학원에서 중2부터 고1까지의 학생을 맡았다. 대형강의이고 판서식 수업이었는데 아주 재밌었다. 거의 10년 가까이 공부만 하느라 트레이닝복을 입은 채 마음은 조급하고 몸은 지친 일상이었는데, 학원 생활은 활기차고 신이 났다. 예쁘게 꾸미고 학생들과 재미있게 놀다 오는 느낌이었다. 수업도 임용고시 준비하는 것에 비하면 어려운 수준은 아니었다.

당시 나는 아이들 성적 올리기에 관심을 두기보다 모두가 학습 목표에 도달할 수 있다고 믿는 공교육의 발달적 교육관을 가지고 있어서 스트레스도 적었다. 아이들과 소통하고 웃으며 즐겁게 수업했고 그 시간들이 매우 행복했다. 저녁 먹을 시간이 없는 수업시간표를 빼고는 아주 만족스러웠다. 내 작은 교실이 생긴 것 같아서 기뻤다. 교실에 꽃도 키우고 네일아트에 귀걸이에 매 수업마다 화려하게 입고 꾸미며 아주 행복한 강사 시절을 보냈다.

'이렇게 평생 학원에서 일해도 괜찮은 것 아닐까?' 하는 생각이 들었다. 내 수업은 매출도 잘 나와서 단과 강사들 중 탑이었다. 결과를 확신하지 못한 채 의미 없는 공부만 계속하기보다는 일하는 만큼 돈을 번다는 것이 좋고 만족스러웠다.

두 번째 학원(M학원)

첫 번째 학원 생활은 아주 만족스러웠지만 월급을 제때 안 주고 강사들에게 소리를 지르는 이사장 때문에 그만두게 되었다. 다시 학원을 알아보고 있을 때 월급이 600만~1,500만 원이라고 광고하는 곳이 있었다. 나는 매출 상위권은 자신이 있었다. 내 학벌과 실력으로 어디를 가든 상위권일테니 저 범위라면 월급이 1,000만 원 이상은 될 수 있겠구나 싶어서 그 학원에 지원했다. 전에 일했던 곳과는 다르게 일대일 과외식 개별진도 학원이었다. 과외 경험이 많았던 덕에 시험이나 시범 강의 없이 면접만으로 채용되었고 그 다음 주부터 출근하게 되었다.

굉장히 젊고 의욕적인 대표원장은 일 잘하는 강사들, 상담 실장들과 동업으로 곳곳에 분원을 냈는데 내가 일하게 될 곳도 그런 곳 중 한 곳이었다. 나는 개원 멤버였는데 초기투자 비용이 많이 들어가서인지 관리자들은 학생 한 명 한 명의 성적과 퇴원률에 굉장히 민감하게 반응했다. 학생이 한 명이라도 그만두면 새벽 시간에도 연락 오는 일이 흔했다. 강사와 관리자들 사이의 트러블도 많고 관리자도 자주 교체되며, 눈에 보이지 않는 라인이 있어 강사 간의 경쟁도 심했다. 학부모와 학생들로 인한 스트레스보다 학원 내에서의 스트레스가 더 컸다.

나는 시작부터 바로 고3을 맡는 바람에 다시 수능을 준비하듯이 공부를 하게 되었다. 인강을 듣고, 역대 수능과 모의고사 기출문제를 풀며 거의 문제와 풀이 과정을 외우다시피 해서 수업을 준비했다. 학년, 교재, 진도가 다 다른 여러 학생을 모아두고 한꺼번에 진도 나가고 질문을 받고 즉석에서 킬러 문제들도 풀어줘야 했다. 같은 학년을 맡아 동시에 진도를 나가는 판서 수업과는 달랐다. 중1부터 고3까지 모든 학년을 맡으며 내신 대비와 수능 준비를 동시에 진행해야 했다. 하루하루 너무 치열했지만 돌아보면 가장 많이 성장할 수 있었던 귀한 시간이었다. 수업 준비에 그런대로 적응이 되자 나는 학원 관리에 관심을 가지게 되었다. 개원 멤버라 초기에 학생을 모집하는 과정이나 학원 시스템이 돌아가는 방식, 학생 관리나 강사 관리, 담당 실장의 일하는 방식을 관찰할 수 있는 시간이 많았다. 이런 경험은 나에게 큰 자산이 되었고 열심히 일해서 나중에 대표원장님과 함께 이 학원의 분원을 내보는 꿈을 가지기도 했다.

하지만 열심히 일해도 처음 예상했던 월급에 도달하지 못하는 학원 시스템에 불만이 생겼고 신규 학원의 비율제 강사는 피해를 볼 수 있겠다는 것을 배우기도 했다. 5:5 비율제 강사였던 나는 많은 학생을 배정받는 것이 유리했다. 하지만 학원에서는 계속 새로운 강사를 뽑았고 주로 그들에게 학생을 분배했다. 결국 내 차례는 잘 오지 않았고 관리자들은 신규를 많이 받으려고 하기보다 주어진 학생들을 그만두지 않게 잘 관리하는 방법밖에 없다고 했다. 신규 학원은 규모를 신속히 확장해야 할 필요가 있기 때문에 새 강사를 계속해서 뽑을 수밖에 없다. 그런 상황에서 한 강사에게 지속적으로 학생을 모아줄 수는 없는 것이었다. 한 강사에게 너무 의존하면 그 강사가 그만뒀을 때 학원에 타격이 크니 이런 전략을 쓰는 것 같았다. 또한 초보 강사에게는 기본과 개념 그리고 선행학습에 집중하는 학생을, 수업을 잘하는 강사에게는 응용과 심화 수업이 가능한 학생을 배정했다. 물론 거기서도 매출 탑이었지만 더 많이 준비해서 더 어려운 수업을 하고 주 7일 일하면서 이 정도의 월급을 받는 것이 억울하기도 했다. 신규 학원을 운영하려면 늘어나는 학생과 새로 유입되는 강사의 비율을 적절하게 맞추는 것도 원장의 역량이라는 생각과 강사의 능력만큼 강사가 일한 만큼 제대로 대우해줘야 학원에서 오래 일할 수 있겠다는 생각을 하게 되었다.

안 그래도 수명이 짧은 사교육 시장에 남들보다 늦게 들어온 나로서는 마음이 조급해졌다. 현재의 시스템으로는 월 1,000만 원 벌기가 어렵겠다는 판단이 섰기 때문이다. 어떻게든 다른 일을 병행해서라도 월 1,000만 원을 채우기 위해 노력했다. 여기서는 더 이상 희망이 보이지 않아 학원을 옮기게 되었지만 학원 운영에까지 눈을 뜨는 아주 중요한 경험을 한 학원이었다.

세 번째 학원(D학원)

나는 어차피 학원에서 일하는 것, 학원의 메카인 대치동을 경험하고 싶었다. 여러 학원에 지원을 하고 기다린 결과 대치동에서 중등부를 주

름잡고 있는 한 학원에서 일하게 되었다. 고등부에서 일하고 싶었지만 여기서 먼저 잘하면 고등부로 보내주겠다고 하셔서 일을 시작하게 되었다. 여기는 대형 학원이라 시스템대로 움직였다. 한 반에는 담임과 부담임이 배정되었고 담임은 고등 선행과 중등 내신 대비, 부담임은 중등 심화 과정의 반복 숙지를 담당했다. 시스템만 보면 아주 체계적이고 바람직한 형태였다. 물 샐 틈 없는 교육이 가능했다. 그러나 시험 기간에는 아예 부담임 수업은 빠진다. 부담임 수업 시간은 시험에 크게 의미가 없기 때문이다. 나처럼 처음 입사한 강사는 주로 부담임 수업을 맡게 된다. 선행에 가장 큰 중요성을 두고 있는 대치동의 아이들은 담임 수업인 고등 선행 숙제와 중등 내신 대비를 하기에도 바빴다. 부담임 수업에서는 아이들이 질문도 별로 없고 자기가 필요한 부분 외에는 수업을 듣지 않았다. 강사나 학생이나 모두 시간때우기를 하는 것 같았다.

어느 학원이나 비슷하겠지만 그 학원의 가장 높은 반 강사가 유명하고 그 반에 학생들이 몰리며 그 아래의 반은 그 반으로 올라가고 싶어 하는 아이들이 모여있다. 연차가 쌓이고 부담임 시간을 견디고 이겨 내야 높은 반도 가고 담임도 된다고 하지만 꼭 그런 것도 아니다. 언제 높은 반의 담임이 되는지 모른다고 하는 것이 맞는 말일 것이다. 담임은 대학 졸업도 안 한 강사였지만 아이들은 부담임인 나보다는 담임의 수업을 더 열심히 들었고 내 수업은 의미가 없어졌다. 이 학원에서는 내가 정말 잘하고 좋아하는 일에 대한 가치가 희석되는 것 같았다. 담임이 되면 상황이 좋아질 수 있겠지만 여기서 그런 에너지를 쏟고 싶지는 않았다. 문제의 뜻을 알지도 못한 채 문제 푸는 기술만 배우려고 하는 이곳에서는 나조차 기계가 될 것 같았다.

학원 강사들은 원래 학교 선생님이 되고 싶었지만 될 수 없는 나 같은 사람들이 모인 그저 그런 곳인 줄 알았다. 하지만 막상 학원에서 일해보니 사교육은 매우 치열하고 전문적이며 계속 노력하지 않으면 살아남지 못하는 곳이었다. 내가 느낀 것은 모든 조건이 딱 맞는 곳은 없다는 것이었다. 그리고 좋은 원장님은 어디에도 없었다. 강사는 그저 소모품으로 취급될 뿐이다. 학원에서 일하기가 두려워졌다. 내가 경험한 세계가 전부는 아닐 테지만 학원에서는 학생이 줄고 경영이 어려워지면 항상 강사 탓을 한다. 학원을 다니는 학생은 여러 가지 사유로 학원을 그만둔다. 성적이 올라도 그만둘 수 있고 떨어져도 그만둘 수 있다. 성적이 오르면 혼자 공부하겠다고, 성적이 떨어지면 학원이랑 안 맞는 것 같다고 그만둔다. 방학 때는 전 과목 관리 프로그램이 있는 학원에 가기도 한다. 원장들은 "선생님이 잘 가르쳤으면 학원 옮기는 일이 없을 텐데."라는 기분 상하는 말을 하기도 한다. 최선을 다해 열심히 해도 듣는 말이었다. 아이들 출석 관리와 월급 엑셀 정리까지 다 시키는 일도 비일비재하다.

강사의 역할을 잘하도록 만들기 위해서는 학원에서 다른 지원이 있어야 한다. 가령 학원 차원에서 홍보를 열심히 해서 학생을 모아주고 상담과 수강료 관리 등 학원 시스템을 잘 운영하는 것 등이다. 두세 차례 학원을 옮기면서 더 옮겨봐야 내가 원하는 학원은 없을 것 같다는 결론에 이르고 있었다.

그즈음 학원 원장 단톡방에 가입하게 되었고 학원 운영에 대해 궁금한 점도 많고 강사를 더 할지 학원을 차려도 될지 답답한 마음에 얼굴도 모르는 브레인k 원장님을 다짜고짜 찾아갔다. 그리고 그때 만난 브레인k 원장님의 한마디가 나를 새로운 도전에 이르게 했다.

"강사로 2년을 일하는 것과 내 학원을 차려 원장으로 2년을 운영하는 것 중 어느 것이 더 자신을 성장시키고 인생에 의미가 있을지를 생각해보세요."

나는 더 고민하지 않았다. 바로 원장이 되기로 결정하고 바로 내가 할 수 있는 일을 시작했다. 뭔가 그럴듯한 것을 바라는 것보다 내가 정말 잘할 수 있고 보람을 느낄 수 있다면 그 일을 하는 것이 정답일 것이다. 이제는 계절의 아름다움도 마음껏 즐기며 기분 좋게 내 삶의 목표를 향해 한 걸음을 내딛는다.

6개월 동안 이뤄낸 성장, '수학의 가치' 교습소

초보원장의 좌충우돌 교습소 운영기

처음부터 학원으로 시작하고 싶었지만 경험도 없고 자본도 부족해서 일단 위험 부담이 적은 교습소를 해보기로 했다. 작은 교습소로 출발했어도 학생이 늘어서 확장하는 원장님들이 많았기에 그분들을 롤모델로 삼았다. 상가를 돌며 교습소 자리를 알아보기 시작했다. 맨 처음에 브레인k 원장님과 함께 학원 원장님들 커뮤니티에 올라온 매물을 보러 갔다.

브레인k 원장님은 이곳이 너무 좋은 자리라고 하셨다. 아파트에서 상가 간판이 바로 보이고 이 근방에 학원이 별로 없으며 원래 잘 되던 학원이 확장 이전하는 곳이기 때문이다. 하지만 그 학원의 2, 3층 중 로비와 상담실이 있던 2층은 이미 계약이 되었고 남은 자리는 3층뿐이었다. 나는 강남에서 인테리어가 아주 화려한 학원들에서 일했기 때문에 집이랑 멀고 건물이 노후되고 화장실이 별로여서 마음에 들지 않았다. 결국 그 자리는 포기했는데 나중에 그 자리 2, 3층이 모두 성황이라는 소문을 듣고 조금 아쉬웠다. 하지만 학원에 가장 오래 상주할 사람은 나이기 때문에 내 마음에 들지 않으면 결국 계속해서 불만이 생길 것임을 알고 있었다.

다시 여러 매물을 알아보았다. 한 군데 한 군데 돌아다니는 것도 보통 일이 아니었다. 지역을 딱히 정해두지 않았기 때문에 더 힘들었다. 네이버 부동산과 원장님들 커뮤니티를 통해 주변에 학교가 많고 건물이 깨끗하고 각종 비용이 100만 원 이하인 곳을 찾아냈다. 집과도 가깝고 원래 영어 교습소를 운영하던 곳인데 대로변 뒷 건물이긴 하지만 화장실 단독 사용에 내부도 깔끔해 보였다. 주변에 학교와 아파트가 많고 학원과 교습소도 많은 곳이었다. 영어 원장님은 1년을 기다려도 학생이 한두 명 왔다고 했지만 나와는 상관없는 이야기라고 생각했다. 주변에 영어, 논술, 피아노 학원들도 있어서 나의 경쟁력으로 충분히 승산이 있을 거라고 판단했고 학생이 많아지면 금방 더 좋은 곳으로 옮기면 되니까 연습 삼아 하기엔 적당하다고 생각했다.

학원에 사직서를 제출한 후 한 달 유예 기간 동안 교습소에 둘 책상을 구입하고 페인트를 칠하고 '수학의 가치'라는 간판을 달았다. 임용고시를 공부하며 마음에 새기고 또 새겼던 수학의 가치를 교습소 이름으로 정했다. 나도 모르게 가슴이 설렜다. 그러나 잠시였다. 간판이 그렇게 비싼 줄은 몰랐기 때문이다. 그런 줄 알았다면 좀 더 신중하게 입지를 판단하고 연습이 아닌 실전이라고 생각했을 텐데 처음부터 이전을 목표로 했기 때문에 그 모든 비용이 아까웠다. 아직 학원을 그만두지도 못했고 홍보도 시작하지 못했는데 월세에, 간판에, 보험에, 중개 수수료에, 권리금까지 지출되는 비용이 예상보다 많았다. 나는 조급해졌다. 그래도 학생 한두 명이면 월세가 해결되니까 할 만하다고 마음을 달랬다. 그러나 학생은 오지 않았다.

월세와 건물의 노후 정도, 화장실 등을 신경 쓰다 보니 위치 선정에 소홀했던 것이다. 역시 교습소는 자리가 중요했다. 프랜차이즈도 아니고 작은 개인 교습소이기 때문에 노출이 잘 되고 홍보가 잘 되는 입지를 선정하는 게 최우선으로 중요했다. 수업은 자신 있었지만 운영과 홍보는 초보이기 때문에 일단 학부모님들께 많이 노출되고 학생이 많이 유입될 수 있는 위치여야 했다. 처음 브레인K 원장님과 함께 본 자리처럼 원래 학원을 운영했고 잘 되던 곳이라는 조건이 보증금이나 월세보다 훨씬 중요한 요소였는데 그 부분을 간과해버렸다.

계약한 곳은 자리도 잘 노출되지 않는 곳이었고, 내 주력은 중·고등

학생인데 초등학교 앞이었다. 수강료도 다른 교습소보다 비싼 데다 유명 프랜차이즈도 아니었다. 나처럼 개인 과외식 수업으로 운영하는 곳은 소문이 나야 학생이 모인다고 하는데 나는 소문이 날 때까지 기다릴 시간이 없었다. 모든 악조건을 내 힘으로 극복하는 수밖에 없었다. 직접 발로 뛰었다. 아파트 게시판에 전단지를 붙이고 블로그를 시작하니 학생들이 한 명, 두 명 등록하기 시작했다.

다행히 수업이나 상담, 관리하는 부분에서 큰 문제는 발생하지 않았다. 하지만 내 마음에는 빨리 학원강사 때보다 큰 수익을 내야 한다는 조급함과 학원의 대목인 방학 때도 인원 변동이 크지 않으면 어떻게 해야 하나 하는 불안함이 가득했다. 처음으로 내보는 월세나 여러 운영 비용도 굉장히 부담되어서 하루 4시간 교습소에서 수업하고 오전에는 학교 시간강사, 밤에는 강남에서 과외를 하면서 하루하루 버텼다. 교습소 수익보다 외부 수익이 더 컸다.

나름 수학 전공자이자 대치동 강사 출신 원장의 소수정예 직강 수업이었지만 남들이 보기에 이곳은 그냥 눈에 띄지 않는 작은 교습소일 뿐이었다. 그 동네 학부모들은 교습소를 초중등 위주로 저렴한 가격에 많은 시간을 가르쳐주는 학습지 수준으로 인식하셨다. 대형학원을 목표로 하지만 못 따라가는 학생들이 대형학원 레벨 테스트를 목표로 스쳐가는 곳일 뿐이었다.

교습소를 차리면 적어도 월 1,000만 원은 벌 수 있을 줄 알았는데 아침 9시부터 밤 11시까지 일하는데도 학원강사로 일했던 것보다 수익이 적었다. 점점 몸과 마음이 지쳐갔다. 인내심도 바닥이 났고 내 힘만으로 학생들을 모으다 보니 너무 힘들었다. 더 버티지 못한 나는 다시 두 가지 큰 실수를 저지르고 말았다.

첫 번째 실수는 광고 대행 업체와 계약을 한 것이다. 업체는 ① 네이버 파워링크로 상위노출 시켜주고 ② 홈페이지를 만들어 주며 ③ 네이버 플레이스 순위를 높여준다고 하고 3년 약정으로 계약을 하자고 했다. 이미 블로그나 전단지로 돈만 많이 쓰고 효과를 못 보고 있던 나는 온라인 마케팅을 해보는 게 낫겠다고 생각해서 계약을 하게 되었다. 하지만 돈을 받고는 내가 먼저 연락하기 전까지는 아무런 관리를 해주지 않았다.

나중에 알고 보니 파워링크와 홈페이지는 다 무료 채널을 이용해서 만들어 준 것이었다. 당연히 만족스러운 품질이 나오지 않았다. 인터넷에도 이 업체가 학원 원장들을 대상으로 사기를 치고 있다는 글들이 올라온 것이 보였다. 처음 계약했던 금액과 나중에 해지한 후 받은 견적이 다르다는 것이다. 나는 즉시 계약을 파기하겠다고 했지만 최소 유지 기간을 핑계대며 해지해 주지 않았다. 계속 해지를 원했지만 여러 가지 핑계로 차일피일 시간을 미뤘다. 게다가 광고 관련 결제는 카드회사에서도 결제 취소가 안 되었다. 결국 업체를 통한 홍보는 실패했다. 결국 폐업증명서를 보내고 나서 견적을 받고 나서야 이게 사기라는 것을 깨달았다. 처음 계약 당시 녹음파일을 증거로 보내서 겨우 경찰에 신고하지 않고 나머지를 돌려받을 수 있었다.

두 번째 실수는 다른 원장님과 협업을 진행한 것이다. 고등학생들 스케줄 관리형 학원을 운영하는 원장님이었는데 그 학원에 온라인, 오프라인으로 들어오는 과외 학생들을 나에게 연결해주고 본인의 자료와 홍보 노하우 등을 다 알려주시는 대가로 보증금을 걸고 수업료의 일부를 달라고 하셨다. 계약을 해지하고 싶으면 3개월 이후에 해지가능하고 그때 보증금을 돌려주겠다고 했다. 보증금을 송금하고 난 후 이 원장님은 보증금을 올려달라, 돈을 빌려달라 하며 자꾸 본인 계좌를 보여주면서 가정사 이야기를 하고 홍보를 대신 해주겠다며 개인정보를 물어보고 필요 없는 연락을 많이 해서 갑자기 마음이 불안해졌다. 믿을 수 없는 사람인 것 같았다.

돌아보면 너무 신중하지 못했다. 문서도 아닌 카톡 계약서를 쓰고 그때 전 재산이었던 보증금을 송금했는데 이 사람은 보증금을 돌려줄 마음도 능력도 없어 보였다. 한 달도 안 되어 계약을 취소하겠다고 하니 본인이 홍보를 해서 내가 수익을 얻었고 본인의 자료를 다 가져가 놓고 이제 와서 계약을 파기하는 게 말이 안 된다며 3개월이 지나도 보증금을 돌려주지 않았다. 홍보라고 해 봤자 맘카페에 글 하나 올려줬고 교습소의 학생들에게는 쓸 수 없는 고등 학습 관리 자료가 전부였다. 이 보증금은 결국 계약기간 3개월이 지나고 교습소를 폐업하고도 한참 지나서야 겨우 돌려받았다. 나중에 안 얘기로는 처음부터 줄 마음이 없었다고 했다.

이렇게 여러 번 사기 아닌 사기를 당하다 보니 몸과 마음이 피폐해졌다. 또한 그 작은 교습소는 공간 분리가 안 되어서 초등학생과 고3 학생이 같이 수업을 받아야 했으며 학생들이 수업할 때 상담이나 결제도 같이해야 했고 인쇄도 식사도 한 공간에서 이루어질 수밖에 없었다.

교습소는 원장 혼자 모든 수업과 상담과 관리를 해야 하므로 공간이 분리되지 않는 것은 너무 비효율적이었고 교육청 분당 단가도 저렴해서 과외를 몇 개 하는 것보다 교습소 운영 수익이 더 적게 나왔다. 공간 분리만 되었어도 프랜차이즈를 달거나 홍보를 더 적극적으로 해 볼 텐데 학생이 늘어도 공간이 제한적이라 문제라는 생각이 들었다.

'수학의 가치'

멋진 간판이었지만 결국 6개월 만에 폐업하기로 결정했다. 6개월이 결코 짧거나 쉬운 시간이 아니었다. 날마다 전쟁하듯 정신없고 급박한 하루하루였다. 하지만 그동안의 모든 노력이 수포로 돌아갔다. 학원을 차리고 싶었지만 다음 기회를 기다릴 수밖에 없었다. 포기하고 나니 그동안 내가 너무 성급했고 욕심이 앞섰다는 것을 깨달았다. 내 힘으로 하나하나 해야 했는데 쉽게 돈으로 남의 도움을 받으려 했다. 실패했지만 도전했고 값진 경험을 했기에 교습소의 입지 조건, 마케팅 대행 업체를 선정할 때 유의해야 할 점, 좋은 조건을 제시하며 쉽게 협업을 제안하는 사람들의 함정 등 앞으로의 실패를 예방할 수 있는 교훈을 얻을 수 있었다.

태풍이 쓸고 간 것 같은 실패 덕분에 좀 더 신중하게 생각하고 더 치밀하게 계획을 세울 수 있게 되었다. 대담하게 실행해 보았다는 것도 큰 수확이었다. 또 몇 번의 어려움이 있을지 모르지만 계속해서 도전하고 시도하다 보면 내가 원하는 자리가 아니라 나를 꼭 필요로 하는 자리에 내가 있게 될 것이라는 확신이 생겼다. 실패는 분명히 아프지만 가장 빠르고 정확하게 가르쳐주는 선생님이기도 했다.

A학원 공동대표 원장이 되다

2023년 11월 1일, 역사적인 개원을 하다

'수학의 가치' 교습소를 접기로 결정한 이상 새로운 일이 필요했다. 국어교육과 출신인 동생과 함께 학원을 오픈하는 방법, 강남에서 과외를 전문적으로 하는 방법, 다시 강사로 들어가서 자금을 더 모으는 방법, 타과목 원장님들과 동업을 하는 방법 등 여러 방법을 모색해 보았다. 많은 원장님들과의 미팅을 통해 나와 가치관이 맞고 내 마음을 움직이는 영어학원 원장님 한 분을 만날 수 있었다. 그리고 그분과 함께 학원을 운영하기로 결정했다.

이제 교습소만 정리하면 되었다. 부동산과 컨설팅 업체에 매물로 내놓고 계약을 하게 되면 학생들과 학부모들에게 교습소를 정리하게 되었다고 연락할 참이었다. 그러나 쉽게 나가지 않았다. 아무래도 원장 직강에다 공간이 분리되지 않은 것이 불리한 조건인 것 같았다. 그러던 어느 날 부동산에서 급한 연락이 왔다. 사무실이 급히 필요한 사람이 있는데 2~3일 안에 비워줄 수 있으면 바로 계약을 하겠다고 했다는 것이다. 하염없이 기다리던 차에 반가운 소식이었다. 바로 계약을 했다. 시간이 너무 급해 교습소 물품은 모두 당근을 통해 나눔했다.

문제는 학부모님들과 학생들에게 미리 연락하지 못한 점이었다. 잘 다니던 학원이 갑자기 사라진다는 것이 그들에게 쉽게 이해될 리 없었다. 자초지종을 설명하고 그들이 원하는 대로 해드리며 최선을 다해 마무리했다. 그래도 남아 있는 죄송한 마음에 나와 비슷한 방식으로 운영하던 주변 학원 원장님들을 일일이 찾아가 연결이 가능한 학생들을 부탁드렸다.

모든 것이 끝났다. 텅 빈 자리를 보니 처음에 간판을 올리고 벽에 페인트를 칠하고 책상을 사올 때의 모든 순간이 떠올랐다. 내가 직접 간판을 올린 나의 소중한 첫 번째 교습소는 이렇게 막을 내렸지만 정말 다시는 내가 먼저 학생들을 떠나지 않으리라 다짐하고 또 다짐했다.

이제 새로운 시작이었다. 처음에는 영어학원에 국어·수학·과학 각

과목의 원장님들이 모여서 공동 운영을 하려고 했다. 그러나 이미 영어 학원에 다니고 있는 기존 학생에 대한 권리금 문제와 초기에 투입된 인테리어 비용, 보증금 등을 또 나눠야 해서 현실적으로 진행하기 어려운 방법이었다. 그래서 원장님 밑에 강사로 들어가서 학생을 모집해서 수업을 하다가 나중에 학원이 잘 되면 분점을 낼 때 동업을 하기로 했다. 하지만 이렇게 하는 것도 쉽지는 않았다.

기존에 영어 프랜차이즈였던 학원이라 이름도 영어 프랜차이즈 그대로였고 간판이나 시트지, 홈페이지 모두 영어학원으로 광고가 되어 있어서 추가적인 작업을 통해 수학 전문이라고 홍보를 한다고 해도 내 학생들을 모으기엔 한계가 있어 보였다. 그렇다고 교육청에서 학원 이름을 바꾸고 간판이나 시트지까지 전면 교체하기에는 서로 부담되는 부분이 많았다. 하지만 원장님과 나는 함께 일하고 싶은 생각이 컸고 어떻게든 방법을 찾아보고자 했다.

이곳을 접고 다른 곳에 가서 다시 새로 시작하기에는 서로 자금 부담이 있으며 이미 학원으로 허가가 나 있고 위치가 좋은 이곳을 어떻게든 살려야 다른 곳도 분점을 낼 수 있을 것 같았다. 원장님은 알고 보니 같은 학교 선배였고 둘 다 대치동 강사 출신에 교습소 운영에서 시작해서 학원 원장까지 왔으며 나와 성향도 너무 비슷했다. 둘 다 사람을 의심 없이 잘 믿어서 사기도 잘 당하고 사람 관련 문제로 고생을 많이 한 것도 비슷했다. 또 아이들을 사랑하는 마음이 커서 학생들에게 베푸는 것을 좋아하며 학생들이 그만둘 때 눈물을 흘리기도 했다. 내가 교습소를 정리하며 홍보 업체 계약 파기와 협업 원장님과의 보증금 반환 문제로 힘들어하고 있을 그 무렵 원장님도 강사 문제로 힘들어하고 계셨다. 게다가 처음에는 동업으로 운영하기로 계획한 영어학원이었는데 동업이 깨지게 되어 예상치 못하게 혼자 운영하시게 되면서 모든 부담감을 혼자 떠안게 되어 많이 지치신 상태였다. 우리는 내 보증금 문제와 원장님의 강사 문제를 함께 해결하면서 서로를 위로하고 서로에 대한 신뢰를 쌓아갔다.

사업 구상에 대한 아이디어와 많은 대화를 통해 여러 가지 방법을 생각해 봤고 서로의 의견을 조율한 결과 기존 학원을 재오픈해서 공동대표를 하는 방향으로 결정을 내리게 됐다. 원장님은 대표 원장이자 영어 원장으로, 나는 수학 원장으로 각자의 역할을 하기로 했다. 기존에 투입된 초기 비용은 나중에 권리금으로 처리하기로 하고 일단 학원 건물 임대차 계약 변경을 통해 보증금을 반반씩 출자해서 시작하기로 했다. 원장님과 동업을 결정하게 된 가장 큰 이유는 동업의 의미에 대한 의견이 일치했기 때문이다.

원장 두 명이 공동 운영을 할 때 학원 운영에 대한 비용은 반반씩 내고 각 과목의 이익은 각자 가져가는 경우가 일반적이다. 그래야 어느 한쪽이 눈치 보지 않고 서로의 사업에 간섭하지 않으며 갈등 없이 동업이 오래갈 수 있기 때문이다. 하지만 우리는 영수 상관없이 공동 매출에서 비용 제외하고 순이익을 정확히 반반 나누기로 결정했다. 같은 학원이어도 독립적으로 운영하며 강의실만 같이 쓰는 것이 아니라 부족한 부분을 서로 채워주고 모든 것을 함께 결정하며 정말 하나의 학원을 공동 운영하기로 한 것이다. 영어가 잘 되든, 수학이 잘 되든 서로 눈치 보지 않고 필요한 부분이 있으면 돕고 같이 홍보하며 이 학원을 잘 키워볼 생각이었다.

서로 신뢰가 크지만 동업에는 계약서가 필수적이므로 계약서를 꼼꼼하게 쓰고 공증사무소에서 변호사의 공증을 받았다. 그 후 부동산 임대차 계약서를 새로 작성하고 교육청에서 학원 이름을 변경한 후 마지막으로 세무서에서 공동 대표로 사업자등록증을 발급받은 뒤 드디어 우리는 우리의 학원을 시작했다.

2023년 11월 1일, 역사적인 개원을 했다.

우리의 슬로건은 '프리미엄 밀착 관리, 대치동 학습 그대로!'이다. 다른 학원과 비교할 수 없이 예뻐 보였고 하나하나에 너무 애정이 갔다. 매일 매일 출근하는 게 너무너무 행복했다. 일처럼 힘들게 느껴지지 않고 취미처럼 즐겁게 느껴졌다. 드디어 긴 방황의 끝에 나의 진로가 정해졌다. 내 힘으로 여기까지 오다니 감개무량했다. 블로그를 열심히 배워서 원장님과 함께 포스팅을 했다. 우리 학원만의 시스템을 구축하고 안내문을 보내며 열심히 홍보를 진행했다.

학원을 차리고 다시 브레인K 원장님께 연락을 드렸다. 교습소를 정리하게 된 후 동업으로 학원을 차리게 된 경위를 설명했는데 브레인K 원장님은 "위기를 기회로 만드셨네요. 학원 잘 되실 거예요."라고 말씀해주셨다. 기간제 교사였을 때도 시간표 업무를 하며 "잘하시네요.", "빠른데요.", "결국 해냈군요. 고생하셨습니다."라고 하시는 교무부장님의 칭찬을 받으니 날아갈 듯이 기쁘고 더 잘하고 싶어졌다. 선생님이 되어도 칭찬받으면 이렇게 좋은데 학생들은 얼마나 좋을까 하는 생각에 항상 칭찬을 많이 하고 학생의 유능감과 자기효능감을 키워주는 수업을 추구하게 되었다.

훌륭하신 대표 원장님을 만나서 나는 그냥 따라가기만 하면 자연스럽게 학원이 운영되었다. 원장님께 학부모 상담 방법, 강사 채용 방법, 학생 관리 방법 등을 배우며 학원 운영에 대해 하나하나 알아갔다. 우리는 수업이 가능한 원장들이기 때문에 학원에 강사 자리가 갑자기 비거나 보강이 필요한 아이들을 관리할 때 언제든지 투입이 가능했다. 또한 나는 일 처리가 빠르고 원장님은 꼼꼼하셔서 내가 업무를 처리하면 원장님이 확인해 주셨다. 서로 합이 잘 맞아서 즐겁게 일할 수 있었다. 초반에는 서로 생각하는 기준과 일 처리 속도가 달라 혼자 운영하던 때와는 또 다른 힘듦이 있었지만 그럼에도 서로 의견을 나누는 일이 피곤하게 느껴지지 않았다. 서로에 대한 믿음과 처음 동업을 시작했던 마음가짐을 기억하며 일을 진행해 나갔다. 무엇보다 진심으로 학원을 찾아오는 학생들과 학부모님들을 맞이했고 강사였던 시절을 떠올리며 강사들에게도 좋은 원장이 되기 위해 노력했다.

영어는 신규 학생이 오면 원어민 선생님과의 대화를 통해 스피킹(Speaking) 수준을 파악한 이후 리스닝(Listening), 어휘(Vocabulary), 리딩(Reading) 레벨 테스트를 본다. 테스트 결과에 대한 종합적인 분석과 학부모 상담을 통해 가장 적합한 반이 정해진다. 각 반은 소수정예로 원어민 선생님과 한국인 선생님 수업을 다 들을 수 있도록 구성되어 있다. 원장님이 1년 동안 시스템을 열심히 만드신 덕분에 좋은 소문이 나고 학생들이 계속 들어오고 있는 상태였다. 수학도 그에 걸맞은 방법이 필요했다.

신규 학생이 오면 학생이 기존에 배웠던 과정을 바탕으로 레벨 테스트를 진행했고 학교 시험 점수와 테스트 결과를 종합하여 개개인의 장, 단기 개별맞춤 커리큘럼을 만들었다. 학생, 학부모 상담을 통해 학생의 성향에 가장 적합한 선생님 반에 배정했다. 선생님들은 수업에만 집중할 수 있도록 학생들의 출석, 숙제, 테스트 관리, 학부모 상담은 내가 했다. 우리 학원만의 차별점을 만들기 위해서 원장 직강 수업도 만들었다. 평소에는 개별 진도로 나가지만 시험 기간이나 방학 때는 특강을 진행했다. 상황에 따라 일대일 수업과 판서 수업을 함께 진행했다.

학부모님들이 가장 원하시는 오답 노트, 서술형 연습, 누적 테스트, 모의고사, 개별 피드백을 꼼꼼하게 진행했다. 학교에서 일하면서 시험문제 출제와 서술형 문제를 채점했던 경험과 대치동에서 일하면서 커리큘럼을 짜고 학부모 상담을 했던 경험을 내 학원에 그대로 적용했다. 각 학교마다 시험문제 출제 경향과 서술형 채점 기준을 정확하게 알고 있기 때문에 그에 맞는 시험 대비가 가능했다. 또한 학생과 학부모님들이 가장 깐깐했던 대치동에서의 경험은 학원 운영에 피가 되고 살이 되었다. 좀 더 체계적으로 운영하기 위해 초등은 기초, 경시대회, 중등 선행반으로 나눠서 관리했고 중등은 내신과 고등 선행, 고등은 내신과 정시, 재수반으로 나눠서 학생별로 각각 다른 계획을 세워서 관리했다. 변하는 입시제도에 발 빠르게 움직이기 위해 입시설명회도 많이 듣고 찾아보고 공부했다. 퍼주는 학원은 망하는 법이 없다는 신념으로 내가 할 수 있는 한 최대한 학원에 상주하며 학생들 하나하나에 관심을 기울였다.

난 정말 이 학원밖에 없었다. 나를 믿고 함께해주신 대표 원장님과 나를 믿고 학원에 보내주신 학부모님들 그리고 간절한 마음으로 학원에 다니고 있는 학생들을 이번만큼은 실망시킬 수 없었다. 밤낮으로 학원을 키우기 위해 연구하고 거의 학원에서 살다시피 했다. 계속 공부하고 블로그를 쓰고 교재를 연구하고 회의했다. 유튜브로 대치동 대형 학원 강사들의 브이로그나 성공하신 학원 원장들의 노하우도 찾아보며 대치동의 시스템을 벤치마킹했지만 결국 우리 학원만의 시스템을 만들기 위해 노력하고 또 노력했다. 학부모님들마다 원하시는 바가 비슷하면서도 달랐다. 학부모들의 니즈를 파악하고 만족시키기 위해 끊임없이 학부모님들과 소통했고 잘 운영되고 있는 주변의 다른 학원들도 분석했다. 그 과정이 너무 즐겁고 행복해서 저절로 힘이 났다. 원장이 행복하니 강사도 행복하고 학생, 학부모도 모두 행복한 학원을 만들 수 있었다.

오프라 윈프리는 "지금 이 순간에 최선을 다하면 다음 순간을 위한 최고의 자리에 있게 됩니다."라는 말을 했다. 나는 오늘 최선을 다한다.

좋은 수학 학원 선택하는 5가지 방법

우리 학원을 선택해야 하는 이유

그동안 여러 학원에서 일해본 경험을 바탕으로 각 학원의 방식 중 나쁜 것은 버리고 좋은 것만 취해서 A학원의 시스템으로 만들었다. 이 책을 읽으실 학부모님들을 위해 좋은 수학 학원 선택하는 법 다섯 가지를 소개해 보겠다.

1) 한 반에 학생 수는 적을수록 좋다

우리 아이가 학원 전기세를 내주는 건 아닐까 걱정하시는 학부모님을 많이 봤다. 한 반에 15명 이상 대형 강의는 대답 잘하고 숙제 잘해오며 수업에 잘 따라오는 상위 10%만을 위한 수업이 되기 쉽다. 학교 수업과 비슷하다고 생각하면 된다. 강사 입장에서도 학생 한 명 한 명의 질문을 충분히 받아주거나 모든 학생의 숙제를 꼼꼼하게 체크하거나 학부모님들께 매번 일일이 피드백을 하기가 쉽지 않았다. 그래서 A학원은 각 반 학생 수를 6명 이하로 정했다. 방학 특강 때도 10명 이하로 수업을 한다. 각 반의 인원이 적어서 관리가 잘 되며 각 학생의 이해도를 꼼꼼하게 점검하면서 가르칠 수 있었다.

2) 초·중·고 수업은 반드시 연계되어야 한다

초·중 전문학원에서는 여러 가지 이유로 중3 학생들을 졸업시킨다. 고등학생을 관리할 에너지로 초·중등 학생을 좀 더 전문적으로 관리하겠다는 합리적인 이유가 있지만 고등학생을 가르칠 수 있는 실력이 없는 경우가 대부분이다. 또한 고등 전문학원에서는 중등 내신을 관리해주지 않는다. 그래서 중학생들에게는 의미가 없다. 그리고 학부모님들 중에서는 학원을 선택할 때 시스템만 보고 강사진에 대한 검증은 충분히 안 하는 경우가 많다. 초·중등 학원은 전공과 무관하게 인내심 있는 선생님이 친절하게 수업하는 것만으로도 성적이 잘 나오기에 충분하다. 하지만 고등부는 전문적인 영역이어서 오개념을 학습하지 않도록 제대로 공부한 선생님이 필요하다. 제대로 공부한 선생님이란 초·중·고 과정 모두를 아우를 수 있는 선생님, 즉 수학의 기초부터 심화까지 제대로 가르칠 수 있는 선생님을 말한다. 수학은 학년과 학년 사이에 수직적 연계성이 있는 학문이다. 학년이 높아질수록 학습에 구멍이 생기는 이유는 중간 과정을 소홀히 하는 경우가 많기 때문이다. 제대로 공부한 선생님을 만나야 하는 이유다. 한 학년만 수업한 경험이 있는 선생님은 전 학년을 아우르기 어렵다. 나는 초등부터 고등까지 모든 학년을 골고루 수업해 본 경험이 있고 교육과정을 잘 파악하고 있기 때문에 연계된 수업이 가능하다. A학원은 내가 직접 모든 학생을 관리하고 클리닉을 진행하며 초등 교과, 경시부터 중·고등 내신, 수능, 재수생까지 꾸준히 지속 가능한 학습이 되도록 교육한다.

3) 일대일 맞춤 수업, 맞춤 과제가 바람직하다

중학교에 들어가기 전에 중학교 전 과정을 끝내고 싶은 학생도 있고 꼼꼼하게 심화까지 제대로 하고 다음 단계로 가고 싶은 학생도 있다. 어떤 학생은 대수가 강하고 어떤 학생은 기하가 강하다. 같은 단원 안에서도 틀린 문제가 모두 다르다. 이런 학생들에게 동일한 교재, 동일한 숙제를 제시하는 것은 바람직하지 않다. 이것은 내가 오래전부터 느꼈던 것으로 같은 반이라고 해도 수준 차이가 너무 났고 대부분의 학생들은 이전 학년의 개념을 잊어버린 상태였다. 그래서 대치동 학원에서 일대일 개별 맞춤 수업이 늘어나고 있는 것 같다. 학생 수가 줄어든 것도 있겠지만 개별 맞춤 수업을 했을 때 효과가 확실히 눈에 보이기 때문이다. 그래서 A학원은 학생과 학부모의 니즈를 만족시키기 위해 내가 직접 학생들을 밀착 관리하고 개별 학습 상담을 진행하며 각 학생에 맞는 연간 계획표와 월간 강의계획 및 진도표를 제공한다. 교재는 레벨에 따른 시중 교재와 자체 교재로 구성하며 학생의 실력과 속도에 맞는 학습을 추구한다. 수업 시간마다 일일 테스트와 오답 노트, 피드백이 이루어지고 주간 완전 학습을 지향하여 빠진 수업이나 학습이 부진한 부분은 내가 직접 클리닉과 보강을 통해 채워나가는 시스템이다. 대형 강의의 조교 역할을 원장이 함으로써 학원에 다니는 모든 학생들의 상황을 꿰뚫을 수 있고 강사가 그만두거나 개인 사정으로 못 나오는 경우 내가 직접 수업하여 학생들의 학습 공백을 없앨 수 있는 강점이 있다.

4) 판서 수업과 개별 진도 수업 모두 잘하는 학원

강사였을 때 보면 개별 진도 수업만 해 본 강사는 판서 수업을 잘하지 못하고 판서 수업만 해 본 강사는 개별 진도 수업을 잘하지 못했다. 처음부터 수업 방식이 다른 학원에 지원하지 않는다. 수업의 특성 자체가 다르기 때문이다. 개별 진도 수업은 같은 수업 시간에 여러 학생을 동시에 케어해야 하므로 정신이 없고 전 범위를 아울러야 해서 강사의 역량이 매우 중요하다. 판서 수업은 학생들을 집중시킬 수 있어야 하므로 개념을 정확하게 전달하는 능력과 판서도 잘해야 하고 구조적으로 짜임새 있는 수업을 구성하는 능력이 필요하다. 그래서 강사들은 한 번 익숙해진 자기가 잘하는 방식의 학원에 머무르려고 한다. 나는 여러 가지 방식으로 여러 학년의 수업을 하면서 원장이 될 준비를 했다. 강사 때부터 학교와 학원을 가리지 않고 수업하며 준비한 것들이 모여 A학원을 위한 최적의 시스템이 탄생했다. 학기 중에는 개별 진도 수업을 하고 시험 기간이나 방학 때는 판서 수업을 한다. 개별 진도 수업과 판서 수업의 장점을 극대화하기 위한 전략이다. 평소에는 학생들의 진도와 계획이 다 다르기 때문에 판서 수업을 진행하는 것보다는 개별 진도 수업이 효과적이다. 시험 기간이나 방학 특강 때는 단기간에 개념을 정립하고 시간을 효율적으로 사용해야 하기 때문에 판서 수업과 클리닉을 활용하는 것이 유리하다.

5) 강사와 관리자의 책임감은 필수 조건

원장은 돈만 있으면 학원을 차리고 강사를 써서 편하게 학원을 운영하는 사람이 아니다. 강사가 없을 때는 대신 강의를 뛰기도 하고 알바를 해서라도 강사들 월급이 밀리지 않게 해야 한다. 어떠한 상황에서도 학원을 책임지고 학생을 책임지고 강사들을 책임지는 게 원장이다. 또한 특별한 이유가 아니면 강사가 자주 바뀌는 것은 매우 좋지 않다. 일하는 조건에 만족하지 못하고 일하는 시간이 행복하지 않다는 증거다. 학생들이 사소한 이유로 쉽게 그만두는 경우는 많지만 강사가 자주 그만두는 경우는 강사 자신의 진로나 학생, 학부모와의 문제뿐만 아니라 학원 내의 스트레스가 큰 경우가 많다. 그만둘 생각을 하며 일하면 수업 준비나 학생 관리가 제대로 이루어지지 않을 가능성이 높다. 관리자가 바뀌는 경우도 마찬가지다. 학원을 아예 인수인계하여 원장이 바뀌는 상황이면 몰라도 부원장이나 실장이 자주 바뀐다면 그것은 강사들에게도 안 좋은 영향을 끼치게 된다. 같은 지시를 여러 명에게 받으며 스트레스가 쌓이고 실질적으로 책임지는 사람이 상주하지 않는다면 학원의 기본 뼈대가 흔들린다고 보면 된다. 내부 구조가 탄탄하지 않은데도 규모만 키우는 건 아닌지, 강사와 직원에 대한 대우는 확실하게 하는지 살펴봐야 한다. 학원에 상주하는 사람에 대한 대우가 좋지 않다면 학생들에게도 그 영향이 가지 않을 수 없다. 부원장이나 실장 역할을 하는 사람도 다 월급 받고 일하는 직원일 뿐이다. 물론 성격적으로 주변 상황과 관계없이 자기 일에만 집중하는 사람도 있겠지만 자기 일에 적성이 맞고 책임감을 느끼며 일하는 사람과 그냥 직원으로 일을 대하는 사람은 결과에도 큰 차이가 있다. 그래서 우리는 A학원을 공동으로 운영하기로 한 것이다. 직원으로 학원에 들어가는 것이 아니라 공동 운영으로 학원을 운영하면서 더 큰 책임감을 가지게 되었다. 우리는 책임은 원장이 지고 강사들은 즐겁게 일할 환경을 만들어 주자는 생각이다. 원래부터 대표 원장님은 강사들의 수업에 대해 전혀 지적하지 않고 학부모의 악성 민원을 전달하지도 않았다. 심지어 일한 것보다 월급을 더 높게 주었고 항상 학원의 궂은일을 맡아 하시며 강사들이 학원에서 즐겁게 일할 수 있도록 지원을 아끼지 않으셨다. 그랬기에 학원에 장기 근속자들이 많고 임신하셔도 막달까지 수업하시다 출산하고 다시 돌아오기도 하는 것 같다.

이 다섯 가지 조건을 잘 살펴본다면 믿고 오래 보낼 수 있는 좋은 학원을 선택할 수 있을 것이다. 한 학생을 위한 장단기 계획을 같이 세워나가며 학부모와 신뢰를 쌓고 아이의 인생에 선한 영향을 주기 위해 오늘도 A학원 선생님들은 즐겁게 일한다.

공저에 참여하게 된 이유

작가로서의 삶과 원장으로서의 삶

"공저를 쓰실 학원 원장님을 모집합니다."

"책 쓰기 주제 : 학원 원장"

내가 속해있던 학원 원장 단톡방에 어느 날 올라온 공지 내용이다. 그 단톡방은 강사 시절 교습소 설립에 많은 도움을 주던 브레인K 원장님이 운영하시는 것이었다. 나는 공지를 보자마자 기회라는 단어가 떠올랐다.

'내가 책을 쓸 수 있다고? 내가 쓴 책이 세상에 나올 수 있다고?'

만약 그럴 수만 있다면 큰 기회였다. 작가가 될 수 있는 기회이지 않은가. 나는 기회를 놓치는 사람이 아니다. 다만 이뤄놓은 뚜렷한 성과가 없어서 망설여졌다. 그러나 사람들이 성공한 사람의 이야기만 관심을 갖는 건 아니라고 이제 막 시작하는 누군가의 이야기도 사람들에게 충분히 위로가 될 수 있다는 브레인K 원장님의 격려에 용기를 내기로 했다.

나의 이야기가 세상에 알려진다는 것은 조금 두려우면서도 꽤나 설레는 일이었다. 나의 인생에서 충분히 의미 있고 돈 주고 살 수 없는 값진 경험이라는 생각이 들었다. 학원 강사를 그만두고 교습소를 차린 것도, 교습소를 그만두고 학원을 운영하는 것도, 책을 쓰는 것도 모두 내 인생에서의 큰 도전이다. 성공한 다른 원장님들과 함께 공저를 쓰면 너무 비교되지 않을까 하는 걱정도 했다. 중간에 교습소를 정리했을 때는 학원이 없어졌는데 학원 원장이라는 이름으로 책을 써도 되나 하는 마음에 잠깐 책 쓰기를 중단하기도 했다. 하지만 어떻게든 상황을 바꿔서 책을 쓰기 위해 끊임없이 노력했다. 새로운 학원이라도 차려서 책을 완성하고 싶었다.

이런 마음과 노력을 통해 결국 나는 학원 원장으로서 원고를 완성시킬 수 있었다. 나는 언제나 현실에 안주하지 않았다. 강사로 돈을 많이 벌었을 때도 항상 더 나은 이직 자리를 알아보고 준비했다. 교습소를 운영할 때도 계속 더 좋은 기회를 잡기 위해 찾고 또 찾았다. 계속 노력했다. 교습소를 운영할 때는 주변 학원에 다짜고짜 찾아가 원장님께 성공 비결을

여쭤보기도 했다. 주변 원장님들은 다들 따뜻하게 맞아주셨고 지금 생각해도 너무 감사하다.

내가 학원을 차릴 수 있었던 이유를 돌아보면 나는 안정 지향보다는 성취 지향적이다. 도전을 두려워하지 않으며 보람이 없는 것과 지시받는 것을 매우 싫어한다. 내 이력서만 보면 사람들은 내가 남들보다 경력이 짧고 인내심이 없다고 생각할지 모른다. 하지만 학원 원장에게 학원 경력이 얼마나 됐고 어느 학원에서 몇 년 일했는지 따위는 중요하지 않다. 난 항상 사교육과 공교육을 동시에 해왔고 초등부터 재수생까지 전부 수업이 가능하다. 난 수학을 전공했고 교사자격증이 있으며 내 학원을 차리기 위해 열심히 자본을 모았다. 나는 충분히 내 사업을 경영할 수 있는 자격을 갖추었고 내 사업이었을 때 더욱 열심히 할 수 있는 사람이다. 혼자보다 마음이 맞는 사람과 동업을 했을 때는 더 큰 시너지가 난다는 것도 깨달았다.

사람이 자신의 생각을 바꾸는 것은 쉽지 않다. 나도 미래엔 무조건 학교 선생님이 되는 것으로 알고 있었지 학원은 생각도 안 하고 있었다. 그런데 코로나가 터지면서 무심코 일해본 학원에서 적성을 찾고 원장까지 하게 될 줄은 꿈에도 몰랐다. 그때의 경험이 내 생각을 바꿔준 것이다. 코로나가 아니었다면 과감하게 도전하지 못했을지도 모르겠다. 세상의 시간이 멈춰진 느낌이라서 좀 더 용기를 내 볼 수 있었던 것 같다. 그때 계속 임용고시를 준비했다면 교사가 되었을 것이고 학교에서 일해 본 후에는 교육이 아닌 다른 진로를 정했을지도 모른다. 각각의 삶에서 나름대로 즐거움과 보람을 찾았겠지만 지금의 삶과는 결이 많이 달랐을 것이다.

내가 다른 직업을 가졌다면 학원 원장보다 더 만족하는 삶을 살지 못했을 것이라고 확신한다. 나는 사교육을 하며 삶의 여유를 찾고 행복을 느끼며 미래에 대한 희망을 보았다. 열심히 돈을 모아 부모님께 집도 사드렸고 학원도 내 힘으로 차릴 수 있었다. 더 이상 어둡고 긴 터널에 머물지 않고 밝은 곳으로 나아가는 느낌이 들었다. 학원이 나를 그 늪에서 빼준 것이다. 내 인생에서 가장 잘한 일은 무모하지만 학원 강사를 그만두고 내 교습소를 차려본 것이다. 더 이상 학원 강사는 아니라는 판단이 들었을 때 빠르게 그만둔 후 정보를 알아보고 원장님들을 만나고 내 교습소를 차렸다. 모든 것을 완벽하게 준비할 수는 없었지만 한 번 차려 본 후에는 무엇이든 할 수 있다는 자신감이 생겼다.

나는 초등학생부터 고3까지 다 가르칠 수 있고 교사 자격증이 있기 때문에 어느 지역에서도 마음만 먹으면 학교에서든 학원에서든 학생들을 만날 수 있다. 또한 학생들에게 최선을 다한다면 어디서든 자리 잡을 수 있을 것이다. 실패하더라도 도전해 본 경험을 통해 나 자신에 대한 확신이 생긴 것이다. 교습소와 학원을 운영하면서 강사가 편했다는 생각이 들 때도 있다. 또 강사였을 때는 알지 못했던 홍보의 어려움 때문에 나는 업체에 광고를 맡기거나 협업을 진행하면서 금전적으로 많은 손해를 입고 스트레스를 받기도 했다. 강사일 때는 이직을 생각할 수 있지만 원장으로서는 옮기거나 정리하는 게 쉽지 않았다. 그리고 생각보다 투자 비용이나 유지 비용이 많이 들었다. 또한 모든 책임은 원장이 져야 한다. 하지만 학생들이 그만둘 때마다 새벽에 전화하던 원장, 코로나에 확진됐는데도 나와서 수업하라는 원장, 수업 분위기가 마음에 안 든다며 수업 도중에 강의실에 들어와서 학생들 앞에서 소리 지르는 원장들을 생각하면 다시 강사를 하고 싶지는 않다.

강사로 일할 때보다 원장으로 일할 때 더 보람을 느끼고 모든 일을 더 능동적으로 처리하며 적극적으로 상황을 통제하며 살아가고 있다. 나의 도전은 여기서 끝이 아니다. 다음 목표는 대표 원장님과 함께 우리의 브랜드를 만들어서 신도시에 분점을 내는 것이다. 영수학원에서 일하다 보니 영어를 가르쳐야 할 상황이 많아 영어도 제대로 공부해보고 싶은 마음이 생겼다. 꼭 영어 교육 자격증도 따서 영수를 동시에 가르칠 수 있는 유능한 원장이 될 것이다.

나의 최종 인생 목표는 교육 봉사를 하면서 살아가는 것이다. 내가 생업으로 가르치는 일을 하기에 돈을 받고 가르치고 있지만 나중에는 공부하고 싶은데 집안이 어려운 아이들에게 재능기부를 하며 살아가고 싶다. 그러기 위해서는 내가 먼저 준비되어야 한다. 공부해서 남 주는 삶을 계속 살아야 한다. 그리고 학창시절 내가 배운 것처럼 아이들에게도 알려줘야 한다. 진실은 진실인 것으로 절대 부끄러운 게 아니라고. 내가 선택할 수 없고 바꿀 수 없는 것들, 내가 어찌할 수 없는 것들 때문에 힘들어하지 말라고. 넌 충분히 가치 있는 사람이니까 공부하고 싶다면 걱정하지 말고 나와 함께 공부하자고 말하고 싶다.

정소흔 원장의 수학적 안목을 키우는 사교육의 힘

수학적 안목을 키워 세상을 보는 안목을 키우다

교육 과정이 바뀐다. 2023년 기준 중3 학생까지는 2015 개정 교육 과정을 사용하고 중2 학생들부터는 2022 개정 교육 과정이 적용된다. 학생들과 학부모님들은 혼란스럽다. 교육 과정이 바뀌면서 가장 걱정하는 부분은 중3 학생들은 재수를 하기 어렵다는 것이고 중2 학생들은 기출문제가 없어 그야말로 평가원의 시험대에 오른다는 것이다. 물론 이 모든 상황은 입시를 치르는 학생들에게 공평하게 적용되지만 입시는 그야말로 전략 싸움이니까 바뀐 제도를 정확하게 이해하고 본인에게 맞는 제도를 빨리 찾아 그에 맞게 준비하는 학생이 유리하다.

등급제도가 바뀌는 것은 무엇을 의미하느냐면 1등급 비율이 커져서 All 1등급이더라도 이제 의대를 못 가게 된다는 것이다. 의대뿐만 아니라 All

1등급이어도 인 서울을 못 하는 상황이라고 한다. 이렇게 수능의 변별력이 약해지면 무엇이 문제일까. 대학별로 대학별 고사를 보는 등 각 대학의 선발 기준이 달라지는 것이 수능과 내신 이외에 입시의 새로운 복병으로 등장하게 될 것이다.

이런 상황에서 가장 발 빠르게 대처하는 곳이 바로 사교육이다. 혼란스러운 상황에서 가장 먼저 현 입시제도를 분석하고 학생과 학부모에게 적절한 방법을 제시하며 그 길을 함께 걸어가는 것이 바로 사교육 강사들과 원장들이 매일 하는 일이다. 학교 현장에서는 개개인에게 맞춰서 체제가 돌아갈 수 없기 때문에 본인에게 맞는 입시 전략은 학생과 학부모가 직접 짜야 할 수밖에 없다. 여기에서 사교육은 어떤 힘을 발휘할 수 있을까?

사교육에 종사하는 우리 원장과 강사들은 누구보다 전, 현 입시제도와 기출문제들을 치밀하게 분석하고 있다. 또한 어떻게 교육 과정이 바뀌더라도 가장 강조되는 것은 역시 수학일 것이다. 하지만 아무리 입시제도가 바뀐다고 해도 고등학교 교육 과정 내에서 출제되어야 할 것이므로 이를 먼저 잘 파악해야 한다.

개정된 수학과의 학습 목표는 다음과 같다.

"수학의 개념, 원리, 법칙을 이해하고 수학의 가치를 인식하며 바람직한 수학적 태도를 길러 수학적으로 추론하고 의사소통하며 다양한 현상과 연결하여 정보를 처리하고 문제를 창의적으로 해결하는 수학 교과 역량을 함양한다."

이 학습 목표를 기준으로 각 단원의 성취 기준과 평가 방법이 정해지게 되고 성취 기준과 평가 방법을 토대로 학교 교과서가 집필되고 수능 문제가 출제되므로 대학별로 선발 방법이 생긴다고 해도 교육 과정의 틀을 벗어날 수 없을 것이다. 또한 내신과 수능의 변별력이 떨어진다고 해도 내신, 수능 1등급은 기본 조건이다. 내신, 수능은 철저하게 교육 과정에 따라 출제되고 대학 선발도 그 교육 과정 내에서 이루어져야 하므로 학생들이 지금 당장 할 수 있는 것은 교육 과정에 충실한 공부를 하면서 관심 있는 학교와 학과의 선발 기준을 잘 알아두며 그에 따라 생기부를 준비하는 것이다. 여기서 사교육은 입시를 함께 준비하며 학생들이 세상을 바라보는 안목을 키우는 데 큰 도움이 될 수 있다.

예를 들어 학교 내신에 서술형 문제가 출제되기 시작했지만 그 채점 기준은 학교마다 다르다. 하지만 이는 학생이 혼자 대비하기 쉽지 않다. 내가 가르쳤던 학생들을 생각해보면 학교마다 교사마다 스타일이 다르지만 강남 서초에 있는 학교는 서술형 채점 기준이 아주 까다로웠다. 최대한 점수를 주는 선생님이 있고 정확히 서술하지 않으면 점수를 부여하지 않는 선생님도 있는데 대부분 후자였다. 까다로운 시험의 경우 보통 채점 기준이 미리 예고되거나 작년 시험 채점 기준이 학교 홈페이지에 올라와 있는 경우가 많다. 이 기준이 학생들에게 미리 고지되어도 혼자서 대비하기는 쉽지 않다. 점수 배점의 정확한 차이를 파악하지 못하는 경우가 많기 때문이다. 특히 중3 기말고사에 고1 3월 모의고사 30번 문제를 변형시켜 출제하시는 경우도 있었다. 30번 문제는 빠른 시간 안에 풀기 어렵기 때문에 미리 접해보지 않은 학생은 풀기 어려웠을 것이다. 또한 그 문제가 모의고사에서 나온 문제라는 것도 파악하지 못하고 포기했을 것이다.

나는 그런 학생들을 위해 꼼꼼하게 채점 기준을 만들어 서술형 평가를 대비했고 서술형 연습뿐만 아니라 문제 의도를 파악하는 수학적 안목을 길러주기 위해 노력했다. 그 결과 학생들은 서술형에서 점수를 깎인 이유를 파악함과 동시에 많은 성적 향상이 가능했다.

이외에도 최근 많은 학원이 달라지고 있다. 예전처럼 대형 강의만 하는 것이 아니라 개별 맞춤 수업을 진행하는 곳이 많아졌다. 학원의 가장 큰 장점은 한 명 한 명 관리해 줄 수 있다는 것이다. 학교에서는 수업 준비나 담임 반 아이들을 신경 쓰는 것보다 훨씬 더 많은 시간을 각자 맡은 행정적인 업무를 하는 데 써야 한다. 학생들 한 명 한 명에게 관심을 쏟을 시간이 없다. 일일이 상담하고 그들의 현 상황에 대해 객관적으로 조언하고 함께 계획을 세워서 한 걸음 한 걸음 함께 걸어 나가야 하는 것은 오직 사교육에 종사하는 우리의 몫이다.

　모든 강사는 학생을 생각하는 만큼 수업 준비를 열심히 해서 짧은 시간에 최대 효율을 낼 수 있도록 돕는다. 수능이 가까워지거나 내신 대비 기간에 학교에서는 다 자습을 한다. 평소 수업은 진도 나가기 바쁘고 교과서 예제 유제 연습문제 정도만 다루는 수업인데 시험은 모의고사 변형 문제로 열심히 공부한 학생들을 좌절시키며 학생들을 줄 세울 수밖에 없는 것이 지금 학교의 현실이다. 하지만 학교에서는 다 배울 수 없는 진짜 공부를 가르치며 학생들의 땀, 눈물, 인내와 고통의 시간을 학교 끝난 뒤 함께하는 것은 사교육이라고 생각한다. 사교육이 이익을 추구하고 빈부 격차 심화를 부추기며 사교육에 돈을 많이 쓸수록 좋은 학교에 합격하는 비율이 높다는 기사에도 찾아볼 수 있는 사교육의 비판점에 대해서도 어느 정도 동의한다. 하지만 최근 서울런의 사례에서도 찾아볼 수 있듯이 이는 긍정적인 흐름으로 변하고 있다. 사교육은 공교육의 부족함을 채우고 학생들에게 꼭 필요한 존재가 되어가고 있다. 배우고 싶은 아이들을 위해 최고로 실력 있는 강사들이 최고의 품질로 찍은 동영상 강의를 1년 내내 자유롭게 볼 수 있는 여러 상품들도 준비되어 있고 어려운 아이들을 위해 무료로 강의가 제공되기도 한다.

　사교육은 더 이상 공교육의 적으로만 바라볼 대상이 아니다. 빈부 격차를 심화시키고 교육 기회를 불평등하게 하는 대상이 아니다. 공부하고

자 하는 학생들을 위해 빠르고 정확한 길을 제시하고 여러 장학금과 환급제도를 통해 교육 기회의 균등을 위해 노력하고 있다. 또한 학교에서 인성교육을 할 수 없는 것은 오래전부터 예상된 일이다. 학생들의 인권이 높아지는 것도 한몫했지만 기본적으로 한 명의 교사가 다수의 학생을 통제하고 바른길로 이끄는 것은 쉬운 것이 아니다. 오히려 믿고 의지하는 학원 강사가 더 아이들의 인성교육에 긍정적인 영향을 줄 수도 있다.

학원에서는 학생들과 상담을 진행하면서 성적 상담은 기본이고 학생이 지금 어떤 상황 때문에 공부가 어렵고 어떠한 답답함이 있는지 주기적으로 파악하고 있다. 그래서 학부모와 함께 성적 향상뿐만 아니라 인성적으로도 올바른 방향을 제시하고 있다. 또한 수학적 안목을 향상시키면서 수학과 학습 전반에 대한 자신감을 키워주고 그에 따라 세상을 바라보는 안목도 함께 성장시킬 수 있다. 이제는 믿을 만한 사교육의 올바른 모델을 제시해야 할 때다.